ADOLESCÊNCIA NORMAL

Aviso ao leitor

A capa original deste livro foi substituída por esta nova versão. Alertamos para o fato de que o conteúdo é o mesmo e que esta nova versão da capa decorre da alteração da razão social desta editora e da atualização da linha de design da nossa já consagrada qualidade editorial.

A143a   Aberastury, Arminda
        Adolescência normal / Arminda Aberastury e Mauricio Knobel ; tradução Suzana Maria Garagoray Ballve. Porto Alegre: Artmed, 1981.
        92 p. ; 23 cm.

        ISBN 978-85-7307-238-9

        1. Adolescência-psicologia. I. Knobel, Mauricio. II. Ballve, Suzana Maria Garagoray trad. II Título.

        CDU 159.922.8
        CDU 155.5

ADOLESCÊNCIA NORMAL
Um enfoque psicanalítico

Arminda Aberastury
Mauricio Knobel

Colaboram:
Adolfo Dornbusch
Néstor Goldstein
Gela Rosenthal
Eduardo Salas

Tradução:
SUZANA MARIA GARAGORAY BALLVE

Revisão da tradução:
JULIO CAMPOS
Psicanalista, Membro da
Associação Psicanalítica Argentina

Reimpressão 2011

1981

Obra publicada, originalmente, em espanhol, sob o título
La adolescencia normal
© de Editorial Paidós, Buenos Aires, 1970

Capa:
Ângela B. Fayet e Janice Alves – Programação Visual

Coordenação editorial:
Paulo Flávio Ledur

Composição, diagramação, artes:
VS Digital

Reservados todos os direitos de publicação, em língua portuguesa, à
ARTMED® EDITORA S.A.
Av. Jerônimo de Ornelas, 670 - Santana 90040-340
Porto Alegre RS
Fone (51) 3027-7000 Fax (51) 3027-7070

É proibida a duplicação ou reprodução deste volume, no todo ou em parte,
sob quaisquer formas ou por quaisquer meios (eletrônico, mecânico, gravação,
fotocópia, distribuição na Web e outros), sem permissão expressa da Editora.

SÃO PAULO
Av. Embaixador Macedo Soares, 10.735 - Pavilhão 5 - Cond. Espace Center
Vila Anastácio 05095-035 São Paulo SP
Fone (11) 3665-1100 Fax (11) 3667-1333

SAC 0800 703-3444

IMPRESSO NO BRASIL
PRINTED IN BRAZIL

Sumário

Prefácio 7

Introdução 9

1 — O adolescente e a liberdade 13

2 — A síndrome da adolescência normal 24

3 — Adolescência e psicopatia — Luto pelo corpo, pela
identidade e pelos pais infantis 63

4 — Adolescência e psicopatia — Com especial referência
às defesas 72

5 — O pensamento no adolescente e no adolescente psicopático 80

6 — O adolescente e o mundo atual 88

Apêndice 91

Prefácio

Numa comunhão de ideias verdadeiramente significativa e gratificante, vimos há muitos anos trabalhando juntos.

O trabalho específico sobre adolescência começou com os grupos de estudos preparatórios para colocar e acrescer ideias e experiências ao 1° Congresso Interno e ao IX Simpósio da Associação Psicanalítica Argentina, realizado em Buenos Aires em fins de 1964.

A ação diretriz e a exposição de ideias básicas esteve a cargo de um de nós (A. Aberastury) e encontrou nos grupos de trabalho não só colegas comuns, mas colaboradores que souberam interpretar fielmente as teorias propostas, validadas pela prática psicanalítica de todos os que intervieram nestes estudos.

Assim surgiram vários trabalhos que apareceram publicados num livro, verdadeira ata desse Simpósio, intitulado Psicanálise da mania e a psicopatia, editado pela Paidós em 1966, de acordo com a recompilação que realizaram A. Rascovsky e D. Liberman.

Consideramos que esses trabalhos são básicos para um estudo psicanalítico da adolescência e resolvemos reproduzi-los neste volume, com ligeiras modificações de caráter formal.

Refletem uma linha de pensamento que bem pode denominar-se, conforme nos manifestaram nossos próprios colegas e colaboradores, assim como psicanalistas e autores nacionais e estrangeiros, a "escola de Arminda Aberastury".

Portanto, acreditamos conveniente acrescentar a esses trabalhos básicos algumas contribuições mais recentes que, entendemos, completam uma parte do vasto panorama do enfoque psicanalítico da adolescência, que precisa ser estudado profundamente e ao qual logicamente deverão ser acrescidas mais experiências.

Esta temática provoca, na atualidade, o interesse de diversos setores de estudiosos da conduta humana e exige todas as contribuições das diferentes disciplinas científicas.

Como psicanalistas, consideramos que é um compromisso oferecer nossa contribuição, que, desde já, implica o compromisso de continuar investigando e transmitir posteriormente nossas conclusões.

ARMINDA ABERASTURY
MAURICIO KNOBEL

Introdução

MAURICIO KNOBEL

Os fatores intrínsecos relacionados com a personalidade do adolescente são os que determinam, na realidade, as diferentes manifestações do comportamento que interessam para o tratamento de qualquer tipo — mas fundamentalmente do psicodinâmico — e também para a compreensão dos problemas psiquiátricos e psicopatológicos em geral deste período da vida.

Para isto, basear-me-ei num trabalho anteriormente publicado e no qual considerava a adolescência como uma verdadeira *experiência clínica*.

Anna Freud diz que é muito difícil assinalar o limite entre o normal e o patológico na adolescência, e considera, na realidade, toda a comoção deste período da vida como normal, assinalando também que seria anormal a presença de um equilíbrio estável durante o processo adolescente. Sobre esta base, e levando em consideração o critério evolutivo da psicologia, é que podemos aceitar que a adolescência, mais do que uma etapa estabilizada, é processo e desenvolvimento. Deve, portanto, compreender-se para situar seus desvios no contexto da realidade humana que nos rodeia.

O adolescente passa por desequilíbrios e instabilidades extremas. O que configura uma entidade semipatológica, que denominei "síndrome normal da adolescência", que é perturbada e perturbadora para o mundo adulto, mas necessária, absolutamente necessária, para o adolescente, que neste processo vai estabelecer a sua identidade, sendo este um objetivo fundamental deste momento da vida.

Para isso, o adolescente não só deve enfrentar o mundo dos adultos para o qual não está totalmente preparado, mas, além disso, deve desprender-se de seu mundo infantil no qual e com o qual, na evolução normal, vivia cômoda e prazerosamente, em relação de dependência, com necessidades básicas satisfeitas e papéis claramente estabelecidos. Seguindo as ideias de Aberastury, podemos dizer que o adolescente realiza três lutos fundamentais: a) o luto pelo corpo infantil perdido, base biológica da adolescência, que se impõe ao indivíduo que não poucas vezes tem que sentir suas mudanças como algo externo, frente ao qual se encontra como espectador impotente do que ocorre no seu próprio organismo; b) o luto pelo papel e a identidade infantis, que o obriga a uma renúncia da dependência e a uma aceitação de responsabilidades que muitas vezes desconhece; c) o luto pelos pais da infância, os quais persistentemente tenta reter na sua personalidade, procurando o refúgio e a proteção que eles significam, situação que se complica pela própria atitude dos pais, que também têm que aceitar o seu envelhecimento e o fato de que seus filhos já não são crianças, mas adultos, ou estão em vias de sê-lo.

Une-se a estes lutos o luto pela bissexualidade infantil, também perdida.

Estes lutos, verdadeiras perdas de personalidade, vão acompanhados por todo o complexo psicodinâmico do luto normal e em ocasiões, transitória e fugazmente, adquirem as características do luto patológico. Esta situação do adolescente frente à sua realização evolutiva, baseada nas relações interpessoais de sua infância, a qual deverá abandonar, leva-o à instabilidade que o define, constituindo uma espécie de entidade nosológica cujas características essenciais —conforme assinalei — descreverei como "síndrome da adolescência normal". Esta síndrome, produto da própria situação evolutiva, surge, logicamente, da interação do indivíduo com o seu meio. O mundo dos adultos, como os pais, não aceita as flutuações imprevistas do adolescente sem comover-se, já que reedita nos adultos ansiedades básicas que tinham sido controladas até certo ponto. Sabemos muito bem — e sirva isto apenas como exemplo ilustrativo — da angústia que costumam manifestar os pais frente aos primeiros sinais de conduta genital de seus filhos adolescentes.

O adolescente isolado não existe, como não existe ser algum desligado do mundo, nem mesmo para adoecer. A patologia é sempre expressão do conflito do indivíduo com a realidade, seja através da inter-relação de suas estruturas psíquicas ou do manejo das mesmas frente ao mundo exterior.

Em virtude da crise essencial da adolescência, esta idade é a mais apta para sofrer os impactos de uma realidade frustrante.

Acreditamos que as modificações do meio vão determinar a *expressão* da normal anormalidade do adolescente, mas de nenhuma maneira podemos condicionar toda a realidade biopsicológica deste processo evolutivo às circunstâncias exteriores. A necessidade de elaborar os lutos básicos aos quais nos referimos anteriormente obriga o adolescente a recorrer *normalmente a* manejos psicopáticos de atuação, que identifi-

Adolescência Normal **11**

cam a sua conduta. Produz-se um curto-circuito do pensamento, onde se observa a exclusão da conceitualização lógica dando lugar à expressão através da ação, mesmo que em forma fugaz e transitória; o que diferencia o adolescente normal do psicopata é que este *persiste* com *intensidade* no uso deste modo de comportamento.

O adolescente apresenta uma vulnerabilidade especial para assimilar os impactos projetivos de pais, irmãos, amigos e de toda a sociedade. Ou seja, é um receptáculo propício para encarregar-se dos conflitos dos outros e assumir os aspectos mais doentios do meio em que vive. Isto é o que atualmente presenciamos em nossa sociedade, que projeta suas próprias falhas nos assim chamados excessos da juventude, responsabilizando-os pela delinquência, pela aderência às drogas, pela prostituição, etc.

É a sociedade que recorre a um mecanismo esquizoide, fazendo com que uma de suas próprias partes em conflito, como o é a juventude, adquira as características de todo o mal e permita assim a agressão do mundo do adulto, com singulares características sadomasoquistas.

A severidade e a violência com que, às vezes, se pretende reprimir os jovens só cria um distanciamento maior e uma agravação nos conflitos, com o desenvolvimento de personalidades e grupos sociais cada vez mais anormais, que em última instância implicam uma autodestruição suicida da sociedade.

Assim vemos o adolescente, de um e outro sexo, em conflito, em luta, em posição marginal frente ao mundo que limita e reprime. É este marginalizar-se do jovem o que pode levá-lo à psicopatia franca, à atividade delituosa, ou pode, também, ser um mecanismo de defesa pelo qual preserva os valores essenciais da espécie humana, a capacidade de adaptar-se *modificando* o meio, que tenta negar a satisfação instintiva e a possibilidade de chegar a uma vida adulta positiva e criativa.

BIBLIOGRAFIA

Aberastury, A.: "El mundo del adolescente". Montevideo, *Revista Uruguaya de Psicoanálisis,* 3, 3, 1959.

Freud, A.: "Adolescence". *Psychoanal. Stud. Child.,* 1958.

Garma, A. y Rascovsky, A.: *Psicoanálisis de la Melancolía.* Buenos Aires, El Ateneo, 1948.

Grinberg, L.: "El individuo frente a su identidad". Buenos Aires, *Revista de Psicoanálisis,* 18, 344, 1961.

—. *Culpa y Depresión.* Buenos Aires, Paidós, 1963.

Knobel, M.: "Psicología de la adolescencia". La Plata, *Revista de la Universidad de La Plata,* 16, 55, 1962.

—. "Psicopatologia de la adolescencia". En: *La Adolescencia Normal y sus Transtornos Endocrinos,* M. Schteingart y otros. Buenos Aires, Héctor Macchi, editor, 1964.

—. "La adolescencia como experiencia clínica". Quito. *Arch. Crim. Neuropsiquiat.,* XIII/52, 501, 1965.

Capítulo 1

O adolescente e a liberdade

ARMINDA ABERASTURY

Entrar no mundo dos adultos — desejado e temido — significa para o adolescente a perda definitiva de sua condição de criança. É o momento crucial na vida do homem e constitui a etapa decisiva de um processo de desprendimento que começou com o nascimento.

As mudanças psicológicas que se produzem neste período, e que são a correlação de mudanças corporais, levam a uma nova relação com os pais e com o mundo. Isto só é possível quando se elabora, lenta e dolorosamente, o luto pelo corpo de criança, pela identidade infantil e pela relação com os pais da infância.

Quando o adolescente se inclui no mundo com este corpo já maduro, a imagem que tem do seu corpo mudou também sua identidade, e precisa então adquirir uma ideologia que lhe permita sua adaptação ao mundo e/ou sua ação sobre ele para mudá-lo.

Neste período flutua entre uma dependência e uma independência extremas, e só a maturidade lhe permitirá, mais tarde, aceitar ser independente dentro de um limite de necessária dependência. Mas, no começo, mover-se-á entre o impulso ao desprendimento e a defesa que impõe o temor à perda do conhecido. É um período de contradições, confuso, ambivalente, doloroso, caracterizado por fricções com o meio familiar e social. Este quadro é frequentemente confundido com crises e estados patológicos.

Tanto as modificações corporais incontroláveis como os imperativos do mundo externo, que exigem do adolescente novas pautas de convivência, são vividos no começo como uma invasão. Isto o leva a reter, como defesa, muitas de suas conquistas infantis, ainda que também coexista o prazer e a ânsia de alcançar um novo *status*. Também o conduz a um refúgio em seu mundo interno para poder relacionar-se com seu passado e, a partir daí, enfrentar o futuro. Estas mudanças, nas quais perde a sua identidade de criança, implicam a busca de uma nova identidade, que vai se construindo num plano consciente e inconsciente. O adolescente não quer ser como determinados adultos, mas em troca, escolhe outros como ideais; vai se modificando lentamente e nenhuma precipitação interna ou externa favorece este trabalho.

A perda que o adolescente deve aceitar ao fazer o luto pelo corpo é dupla: a de seu corpo de criança, quando caracteres sexuais secundários colocam-no ante a evidência de seu novo *status* e o aparecimento da menstruação na menina e do sêmen no menino, que lhes impõem o testemunho da determinação sexual e do papel que terão que assumir, não só na união com o parceiro, mas também na procriação.

Só quando o adolescente é capaz de aceitar, simultaneamente, seus aspectos de criança e de adulto pode começar a aceitar em forma flutuante as mudanças do seu corpo e começa a surgir a sua nova identidade. Esse longo processo de busca de identidade ocupa grande parte da sua energia e é a consequência da perda da identidade infantil que se produz quando começam as mudanças corporais.

O adolescente se apresenta como vários personagens e, às vezes, frente aos próprios pais, porém com mais frequência frente a diferentes pessoas do mundo externo, que nos poderiam dar dele versões totalmente contraditórias sobre sua maturidade, sua bondade, sua capacidade, sua afetividade, seu comportamento e, inclusive, num mesmo dia, sobre seu aspecto físico.

As flutuações de identidade se experimentam também nas mudanças bruscas, nas notáveis variações produzidas em poucas horas pelo uso de diferentes vestimentas, mais chamativas na menina adolescente, mas igualmente notáveis no menino, especialmente no mundo atual.

Não só o adolescente padece este longo processo, mas também os pais têm dificuldades para aceitar o crescimento como consequência do sentimento de rejeição que experimentam frente à genitalidade e à livre manifestação da personalidade que surge dela. Esta incompreensão e rejeição se encontram, muitas vezes, mascaradas debaixo da concessão de uma excessiva liberdade que o adolescente vive como abandono, e que o é na realidade.

Diante desta atitude, o adolescente sente a ameaça iminente de perder a dependência infantil — se assume precocemente seu papel genital e a independência total — em momentos em que essa dependência é ainda necessária. Quando o comportamento dos pais implica uma incompreensão das flutuações extremadamente polares entre dependência e independência, refúgio na fantasia-ânsia de crescimento, conquistas adultos-refúgio em conquistas infantis, dificulta-se o trabalho de luto, no qual são necessários permanentes ensaios e provas de perda e recuperação de ambas as idades: a infantil e a adulta.

Só quando a sua maturidade biológica está acompanhada por uma maturidade afetiva e intelectual, que lhe possibilite a entrada no mundo do adulto, estará munido de um sistema de valores, de uma ideologia que confronta com a de seu meio e onde a rejeição a determinadas situações cumpre-se numa crítica construtiva. Confronta suas teorias políticas e sociais e se posiciona, defendendo um ideal. Sua ideia de reforma do mundo se traduz em ação. Tem uma resposta às dificuldades e desordens da vida. Adquire teorias estéticas e éticas. Confronta e soluciona suas ideias sobre a existência ou inexistência de Deus e a sua posição não é acompanhada pela exigência de um submeter-se, nem pela necessidade de submeter.

Mas antes de chegar a esta etapa, encontrar-nos-emos com uma multiplicidade de identificações contemporâneas e contraditórias; por isso o adolescente se apresenta como vários personagens: é uma combinação instável de vários corpos e identidades. Não pode, ainda, renunciar a aspectos de si mesmo e não pode utilizar e sintetizar os que vai adquirindo, e nessa dificuldade de adquirir uma identidade coerente reside o principal obstáculo para resolver sua identidade sexual.

No primeiro momento, essa identidade de adulto é um sentir-se dolorosamente separado do meio familiar, e as mudanças em seu corpo obrigam-no também ao desprendimento de seu corpo infantil. Só alguns conseguem a descoberta de encontrar o lugar de si mesmo no seu corpo e no mundo, ser habitantes de seu corpo no seu mundo atual, real, e também adquirir a capacidade de utilizar seu corpo e seu lugar no mundo.

Este processo da vida, cujo destino é o desprendimento definitivo da infância, tem sobre os pais uma influência não muito valorizada até hoje. O adolescente provoca uma verdadeira revolução no seu meio familiar e social e isto cria um problema de gerações nem sempre bem resolvido.

Ocorre que também os pais vivem os lutos pelos filhos, precisam fazer o luto pelo corpo do filho pequeno, pela sua identidade de criança e pela sua relação de dependência infantil. Agora são julgados por seus filhos, e a rebeldia e o enfrentamento são mais dolorosos se o adulto não tem conscientes os seus problemas frente ao adolescente. O problema da adolescência tem uma dupla vertente, que, nos casos felizes, pode resolver-se numa fusão de necessidades e soluções. Também os pais têm que se desprender do filho criança e evoluir para uma relação com o filho adulto, o que impõe muitas renúncias de sua parte.

Ao perder para sempre o corpo do seu filho criança, vê-se enfrentado com a aceitação do porvir, do envelhecimento e da morte. Deve abandonar a imagem idealizada de si mesmo, que seu filho criou e na qual ele se acomodou. Agora já não poderá funcionar como líder ou ídolo e deverá, em troca, aceitar uma relação cheia de ambivalências e de críticas. Ao mesmo tempo, a capacidade e as conquistas crescentes do filho obrigam-no a enfrentar-se com suas próprias capacidades e a avaliar suas conquistas e fracassos. Neste balanço, nesta prestação de contas, o filho é a testemunha mais implacável do realizado e do frustrado. Só quando pode identificar-se com a força criativa do filho, poderá compreendê-lo e recuperar dentro de si a sua própria adolescência. É neste momento do desenvolvimento onde o modo pelo qual se conceda a liberdade é definitivo para a conquista da independência e da maturidade do filho.

Até hoje, o estudo da adolescência centralizou-se somente no adolescente. Este enfoque será sempre incompleto quando não se levar em conta o outro lado do problema: a ambivalência e a resistência dos pais em aceitar o processo de crescimento.

Que motivos tem a sociedade para não modificar as suas rígidas estruturas, para empenhar-se em mantê-las tal qual, mesmo quando o indivíduo muda? Que conflitos conscientes e inconscientes levam os pais a ignorar ou a não compreender a evolução do filho? O problema mostra assim o outro lado, escondido até hoje debaixo do disfarce da adolescência difícil: é o de uma sociedade difícil, incompreensiva, hostil e inexorável, às vezes, frente à onda de crescimento, lúcida e ativa, que lhe impõe a evidência de alguém que quer atuar sobre o mundo e modificá-lo sob a ação de suas próprias transformações.

O desprezo que o adolescente mostra frente ao adulto é, em parte, uma defesa para eludir a depressão que lhe impõe o desprendimento de suas partes infantis, mas é também um juízo de valor que deve ser respeitado. Além disso, a desidealização das figuras parentais o afunda no mais profundo desamparo.

Entretanto, esta dor é pouco percebida pelos pais, que costumam fechar-se numa atitude de ressentimento e reforço da autoridade, atitude que torna ainda mais difícil este processo.

Na adolescência, uma vontade biológica vai impondo uma mudança e a criança e seus pais devem aceitar a prova de realidade de que o corpo infantil está se perdendo para sempre. Nem a criança nem seus pais poderão recuperar esse corpo, mesmo que pretendam negá-lo psicologicamente ou mediante atuações, nas quais a vida familiar e a sociedade pretendam comportar-se como se nada tivesse mudado.

A problemática do adolescente começa com as mudanças corporais, com a definição do seu papel na procriação e segue-se com mudanças psicológicas. Tem que renunciar a sua condição de criança; deve renunciar também a ser tratado como criança, já que a partir desse momento se é chamado dessa maneira será com um matiz depreciativo, zombador ou de desvalorização.

Além disso, devemos aceitar que a perda do vínculo do pai com o filho infantil, da identidade do adulto frente à identidade da criança defrontam-no com uma luta similar às lutas criadas pelas diferenças de classe; como nelas, os fatores econômicos têm um papel importante; os pais costumam usar a dependência econômica como poder sobre o filho, o que cria um abismo e um ressentimento social entre as duas gerações.

O adulto se agarra a seu mundo de valores que, com triste frequência, é o produto de um fracasso interno e de um refúgio em conquistas típicas de nossa sociedade alienada. O adolescente defende os seus valores e despreza os que o adulto quer lhe impor; ainda mais, sente-os como uma armadilha da qual precisa escapar.

O sofrimento, a contradição, a confusão, os transtornos são deste modo inevitáveis; podem ser transitórios, podem ser elaboráveis, mas devemos perguntar-nos se grande parte da sua dor não poderia ser suavizada mudando estruturas familiares e sociais.

Geralmente, é o adulto que tem escrito sobre adolescência e enfatizado o problema do filho e fala muito pouco da dificuldade do pai e do adulto em geral para aceitar o crescimento, estabelecendo uma nova relação com ele, de adulto para adulto.

O adolescente sente que deve planejar a sua vida, controlar as mudanças; precisa adaptar o mundo externo às suas necessidades imperiosas, o que explica seus desejos e necessidades de reformas sociais.

A dor que lhe causa abandonar o seu mundo e a consciência de que vão se produzindo mais modificações incontroláveis dentro de si, levam-no a realizar reformas exteriores que lhe garantam a satisfação de suas necessidades na nova situação em que se encontra agora frente ao mundo, que, ao mesmo tempo, servem-lhe de defesa contra as mudanças incontroláveis internas e do seu corpo. Neste momento se produz um aumento da intelectualização para superar a incapacidade de ação (que é correspondente ao período de onipotência do pensamento na criança pequena). O adolescente procura a solução teórica de todos os problemas transcendentes e daqueles com os quais se enfrentará a curto prazo: o amor, a liberdade, o matrimônio, a paternidade, a educação, a filosofia, a religião. Mas aqui também podemos e devemos traçar-nos a interrogação: é assim só por uma necessidade do adolescente ou também é resultante de um mundo que lhe proíbe a ação e obriga-o a refugiar-se na fantasia e na intelectualização?

A inserção no mundo social do adulto — com suas modificações internas e seu plano de reformas — é o que vai definindo sua personalidade e sua ideologia.

Seu novo plano de vida exige-lhe traçar-se o problema dos valores éticos, intelectuais e afetivos; implica o nascimento de novos ideais e a aquisição da capacidade de luta para consegui-los.

Mas, ao mesmo tempo, lhe impõe um desprendimento: abandonar a solução do *como se* do jogo e da aprendizagem, para enfrentar o *sim* e o *não* da realidade ativa que tem nas mãos.

Isto lhe impõe um afastamento do presente e, com isso, a fantasia de projetar-se no futuro e ser, independizando-se do ser *com* e *como* os pais.

Portanto, deve formar-se um sistema de teorias, de ideias, um programa ao qual se agarra e também a necessidade de algo em que possa descarregar a soma de ansiedades e os conflitos que surgem de sua ambivalência entre o impulso ao desprendimento e a tendência a continuar ligado.

Soluciona esta crise intensa transitoriamente, fugindo do mundo exterior, procurando refúgio na fantasia, no mundo interno, com um aumento paralelo da onipotência narcisista e da sensação de prescindir do externo. Deste modo cria para si uma nova plataforma de lançamento desde a qual poderá iniciar conexões com novos objetos do mundo externo e preparar a ação.

Sua hostilidade frente aos pais e ao mundo em geral se manifesta na sua desconfiança, na ideia de não ser compreendido, na sua rejeição da realidade, situações que podem ser ratificadas ou não pela própria realidade.

Todo este processo exige um lento desenvolvimento no qual são negados e afirmados seus princípios, lutando entre a sua necessidade de independência e a sua nostalgia de reafirmação e dependência.

Sofre crises de susceptibilidade e de ciúmes, exige e precisa vigilância e dependência, mas sem transição surge nele uma rejeição ao contato com os pais e a necessidade de independência e de fugir deles.

A qualidade do processo de amadurecimento e crescimento dos primeiros anos, a estabilidade nos afetos, a soma de gratificações e frustrações e a adaptação gradativa às exigências ambientais vão marcar a intensidade e a gravidade destes conflitos. Por exemplo: obter uma satisfação suficiente (adequada no tempo) às necessidades fundamentais da sexualidade infantil, incluindo nesta satisfação tanto a ação como o esclarecimento oportuno dos problemas, determinará no adolescente uma atitude mais livre frente ao sexo, do mesmo modo que relações cordiais mantidas com a

Adolescência Normal 19

mãe determinarão no menino uma facilidade maior no seu relacionamento com a mulher; o mesmo acontecerá no que se refere à menina com o pai. Entretanto, a realidade oferece poucas vezes à criança e ao adolescente estas satisfações adequadas.

Com todo este conflito interno que descrevemos, o adolescente se enfrenta na realidade com o mundo do adulto, que ao sentir-se atacado, julgado, incomodado e ameaçado por esta onda de crescimento costuma reagir com total incompreensão, com rejeição e com reforço de sua autoridade.

Nesta circunstância, a atitude do mundo externo será outra vez decisiva para facilitar ou obstaculizar o crescimento.

Neste momento, vivemos no mundo inteiro o problema de uma juventude inconformada, que se enfrenta com a violência, e o resultado é só a destruição e o entorpecimento do processo.

A violência dos estudantes não é mais do que a resposta à violência institucionalizada das forças da ordem familiar e social.

Os estudantes se revoltam contra todo o nosso modo de vida, rejeitando as vantagens tanto como seus males, em busca de uma sociedade que ponha a agressão a serviço dos ideais de vida e eduque as novas gerações visando à vida e não à morte.

A sociedade em que vivemos, com seu quadro de violência e destruição, não oferece garantias suficientes de sobrevivência e cria uma nova dificuldade para o desprendimento. O adolescente, cujo destino é a busca de ideais e de figuras ideais para identificar-se, depara-se com a violência e o poder e também os usa.

Tal posição ideológica no adolescente é confusa e não pode ser de outra maneira, porque ele está procurando uma identidade e uma ideologia, mas não as tem. Sabe o que não quer muito mais do que o que quer ser e fazer de si mesmo; por isso os movimentos estudantis carecem, às vezes, de bases ideológicas sólidas. Frequentemente, o adolescente se submete a um líder que o guia e, no fundo, substitui as figuras paternas das quais está procurando separar-se, ou não tem mais remédio, a não ser procurar uma ideologia própria que lhe permita agir de uma maneira coerente no mundo em que vive. Mas sendo assim, e não tendo tempo para alcançá-la, se sente oprimido e responde com violência.

Erikson tem afirmado que a sociedade oferece à criança uma *moratória social*. Da minha parte, considero que esta *moratória social* não é mais do que o conteúdo manifesto de uma situação muito mais profunda. Acontece que a própria criança precisa de tempo para fazer as pazes com seu corpo, para terminar de conformar-se a ele, para sentir-se conforme com ele. Mas só chega a esta conformidade mediante um longo processo de luto, através do qual não só renuncia a seu corpo de criança, mas abandona a fantasia do onipotente de bissexualidade, base da sua atividade masturbatória. Então sim pode aceitar que para conceber um filho precisa a união com o outro sexo, e consequentemente o homem deve renunciar às fantasias de procriação dentro do seu próprio corpo e a mulher à onipotência maternal. Numa palavra, a única maneira de aceitar o corpo do outro é aceitar o próprio corpo.

Mas isso — aparentemente simples — se consegue com dificuldade e no transcurso da vida e se traduz em confusões, transtornos e sofrimentos para assumir a paternidade ou a maternidade. Todo este processo leva-o a abandonar a sua identidade infantil, e tratar de adquirir uma identidade adulta que, quando consegue, personifica-se numa ideologia com a qual se enfrentará com o mundo circundante.

A dificuldade do adulto para aceitar o amadurecimento intelectual e sexual da criança é a base dessa pseudo *moratória social*. É destacável, também, que só tenham evidenciado até agora os aspectos ingratos do crescimento, deixando de lado a felicidade e a criatividade plenas que caracterizam também o adolescente. O artista adolescente é uma figura que a história da cultura oferece seguidamente, e tanto em artistas como em homens de ciência encontram-se vestígios de que toda a sua obra de maturidade não é mais do que a concretização de intuições e preocupações surgidas nessa idade.

O específico do conflito neste período é algo totalmente inédito no ser: sua definição na procriação e a eclosão de uma grande capacidade criativa. Procuram conquistas e encontram satisfação nelas. Se estas conquistas são desvalorizadas pelos pais e pela sociedade, surgem no adolescente sofrimento e rejeição. Mas o diálogo do adulto com o jovem não pode iniciar-se neste período, pois deve ser algo que venha acontecendo desde o nascimento; se não é assim, o adolescente não se aproxima dos adultos.

Um exemplo evidente desta incompreensão: ao adolescente se exige que defina a sua vocação e, ao mesmo tempo, lhe reprimem as primeiras tentativas desta vocação. Essas têm o mesmo significado das primeiras tentativas na vida genital, que, geralmente, não são valorizadas.

Diremos que na situação grupal familiar encontrar-nos-emos com o que Marcuse assinala para o social: "Se são violentos é porque estão desesperados".

À maior pressão familiar, à maior incompreensão frente à mudança, o adolescente reage com mais violência por desespero e, desgraçadamente, é neste momento decisivo da crise adolescente que os pais recorrem geralmente a dois meios de coação: o dinheiro e a liberdade.

São três as exigências básicas de liberdade que apresenta o adolescente de ambos os sexos a seus pais: a liberdade nas saídas e horários, a liberdade de defender uma ideologia e a liberdade de viver um amor e um trabalho.

Entre estas três exigências os pais parecem ocupar-se especialmente da primeira: a liberdade nas saídas e horários, porém mais profundamente este controle sobre as saídas e horários significa o controle sobre as outras liberdades: a ideologia, o amor e o trabalho. Quando os pais respondem ante a demanda de liberdade, restringindo as saídas ou utilizando a dependência econômica, *cortando a mesada,* é que houve algo mal conduzido na educação anterior e os pais se declaram vencidos. O adolescente precoce, a criança em torno dos dez anos, sente uma grande necessidade de ser respeitada na sua busca desesperada de identidade, de ideologia, de vocação e de objetos de amor. Se esse diálogo não se estabeleceu, é muito difícil que no momento da adolescência haja uma compreensão entre os pais e os filhos. Os adolescentes de hoje são muito mais sérios, estão mais informados. Valorizam mais o amor e o sexo e, para eles, este permite realmente *um ato de amor* e não uma mera descarga ou um passatempo ou uma afirmação de potência.

Do mesmo modo, a liberdade para eles é muito mais que o fato de receber de seus pais a chave de casa ou, inclusive, um apartamento para viverem sós. Sabem que há outra liberdade que envolve a cada um deles e a toda uma comunidade de jovens.

Muitos pais da geração de 30 sentem-se *modernos* quando dão aos filhos a oportunidade de aventuras ou quando, frente à filha, defendem uma ideologia que consideram quase que revolucionária; entretanto, a posição deles frente ao amor não é a mesma da geração atual. Existe na geração passada uma tendência, que foi muito estudada por Freud, em considerar um amor desvalorizado e um amor idealizado. A geração atual é muito mais sã e tende a integrar num só objeto estes dois aspectos.

O amor, além disso, é só um aspecto da problemática da adolescência: há muitos outros problemas que são profundamente importantes para eles. Quase todos já sabem que a liberdade sexual não é promiscuidade, porém sentem e expressam a necessidade de fazer experiências que nem sempre são totais, mas que precisam viver. Para que possam fazê-las, têm que encontrar certa aprovação nos seus pais, para não sentirem culpa. Porém, esta aprovação não deve ter como preço a exigência de que informem sobre seus atos. Precisam viver suas experiências para eles. Exigir informação é tão patológico como proibir e é muito diferente de escutar. Falamos já da importância da palavra, da necessidade do adolescente de falar de suas conquistas. É frequente que os pais se queixem de que já não é possível falar entre eles, de que os filhos adolescentes "tomam a palavra" e dominam a situação. Esses pais não se deram conta de que escutar é o caminho para entender o que está acontecendo com seus filhos. O adolescente de hoje, como o de todos os tempos, está farto de conselhos, precisa fazer suas experiências e comunicá-las, mas não quer, não gosta nem aceita que suas experiências sejam criticadas, qualificadas, classificadas nem confrontadas com as dos pais. O adolescente percebe muito bem que quando os pais começam a controlar o tempo e os horários estão controlando algo mais: seu mundo interno, seu crescimento e seu desprendimento. O jovem sadio de hoje está ciente de muitas das problemáticas do adulto; dir-se-ia que é mais possível que o adulto aprenda do adolescente e não que o adulto possa dar-lhe sua experiência.

Os pais precisariam saber que na adolescência precoce moças e rapazes passam por um período de profunda dependência, onde precisam deles tanto ou mais do que quando eram bebês, que essa necessidade de dependência pode ser seguida imediatamente de uma necessidade de independência, que a posição útil nos pais é a de espectadores ativos, não passivos, e ao aceder à dependência ou à independência não se baseiam em seus estados de ânimo, mas nas necessidades do filho. Para isto será necessário que eles mesmos possam ir vivendo o desprendimento do filho, concedendo-lhe a liberdade e a manutenção da dependência madura.

Para fazer estas tentativas é preciso dar liberdade, e para isso existem dois caminhos: dar uma liberdade sem limites, que é o mesmo que abandonar um filho; ou dar uma liberdade com limites, que impõe cuidados, cautela, observação, contato afetivo permanente, diálogo, para ir seguindo passo a passo a evolução das necessidades e das modificações no filho.

O mundo moderno reserva aos jovens um lugar de novas dimensões quando se leva em consideração tanto a força numérica da juventude como o papel que são capazes de desempenhar nas transformações que exige o processo de desenvolvimento econômico, ideológico e social. Um dado aparecido na revista da UNESCO encerra dentro da sua verdade matemática um prognóstico que espantará mais de um adulto. Falando da juventude, assinala que o aumento da população do mundo representa a irrupção em cena de uma enorme promoção de jovens. Calcula-se que no ano 2000, o número de habitantes entre quinze e vinte e quatro anos terá aumentado de 519 milhões a um bilhão e 128 milhões.

Pergunto-me agora se as tensões e comoções que hoje resultam da irrupção do jovem na sociedade em que vivemos e sua vontade de intervir nela de uma maneira cada vez mais ativa não surgem tanto da percepção da força que vai adquirindo como do medo do adulto.

O normal é que participem dentro das inquietudes que são a própria essência da atmosfera social em que vivem, e se pedem a emancipação não o fazem na procura de chegar rapidamente ao estado de adultos — muito longe disto — senão porque precisam adquirir direitos e liberdades semelhantes aos que os adultos têm, sem deixar por isso sua condição de jovens.

Toda a adolescência tem, além da característica individual, as características do meio cultural, social e histórico desde o qual se manifesta, e o mundo em que vivemos nos exige mais do que nunca a busca do exercício da liberdade sem recorrer à violência para restringi-la.

A prevenção de uma adolescência difícil deve ser procurada com a ajuda de trabalhadores de todos os campos do estudo do homem que investiguem para a nossa sociedade atual as necessidades e os limites úteis que permitam a um adolescente desenvolver-se até um nível adulto. Isto exige um clima de espera e compreensão, para que o processo não se demore nem se acelere. É um momento crucial na vida do homem e precisa de uma liberdade adequada, com a segurança de normas que lhe possam ir ajudando a adaptar-se às suas necessidades ou a modificá-las, sem entrar em conflitos graves consigo mesmo, com seu ambiente e com a sociedade.

BIBLIOGRAFIA

Aberastury, A.: "El mundo del adolescente". Montevideo, *Revista Uruguaya de Psicoanálisis,* III, 1959, pág. 3.

—. "Adolescencia y Psicopatía", en A. Aberastury y otros:*Psicoanálisis de la manía y psicopatía.* Buenos Aires, Paidós, 1966, pág. 339.

Erikson, E. H.: *Infancia y sociedad.* Buenos Aires, Hormé, 1970.

—. "El problema de la identidad del yo". Montevideo, *Revista Uruguaya de Psicoanálisis,* V, 1963, págs. 2-3.

Garbarino, M. F. de y Garbarino, H.: "La adolescencia". Montevideo, *Revista Uruguaya de Psicoanálisis,* IV, nº 3, años 1961-2.

Garbarino, M. F. de: "Identidad y adolescencia". Montevideo, *Revista Uruguaya de Psicoanálisis,* V, nºs 2-3, 1963.

Grinberg, L.: "El individuo frente a su identidad". Montevideo, *Revista Uruguaya de Psicoanálisis,* XVII, nº 4, 1961.

Josselyn, Irene M.: *El adolescente y su mundo.* Buenos Aires, Psique.

Pearson, G.: *La adolescencia y el conflicto de las generaciones.* Buenos Aires, Siglo Veinte.

Capítulo 2

A síndrome da adolescência normal

MAURICIO KNOBEL

NORMALIDADE E PATOLOGIA NA ADOLESCÊNCIA

Concordo plenamente com os autores que, ao estudarem a adolescência, destacam a importância dos fatores socioculturais na determinação da fenomenologia expressiva nesta idade da vida. Logicamente, o mesmo caberia assinalar para qualquer outra etapa vital do ser humano. É por isso que considero que, em geral, quando se estabelecem critérios diferenciais de caráter social, sociocultural, econômico, etc., como predominantes no estudo da adolescência, se está desviando, pelo menos em parte, o problema básico fundamental da *circunstância evolutiva* que significa esta etapa, com toda a sua bagagem biológica individualizante.

Estudar a adolescência só como uma característica social determinada seria realizar uma abstração muito parcial de todo um processo humano que é necessário considerar dentro de uma verdadeira totalidade do conhecimento da psicologia evolutiva.

Considero que, de acordo com o que acabo de assinalar, este período da vida, como todo o fenômeno humano, tem sua exteriorização característica dentro do marco cultural-social no qual se desenvolve. Assim, devemos em parte considerar a adolescência como um fenômeno específico dentro de toda a história do desenvolvimento do ser humano, e, por outro lado, estudar a sua expressão circunstancial de caráter geográfico e temporal histórico-social.

Já G. Stanley Hall afirmava que o desenvolvimento e as concomitâncias de conduta do mesmo se produzem "de acordo com pautas inevitáveis, imutáveis, universais e independentes do ambiente sociocultural" (Muuss)[50]. Embora esta ideia tenha sido muito discutida e refutada, em especial por psicólogos sociais, vemos que o conceito básico passa por períodos de revitalização e que mesmo investigadores altamente qualificados do campo psicológico social, como Sherif e Sherif, reconhecem que "os princípios psicológicos fundamentais que atuam em todos estes ambientes sociais poderiam ser os mesmos"[61].

Não há dúvidas de que o elemento sociocultural influi com um determinismo específico nas manifestações da adolescência, mas também temos que considerar que atrás dessa expressão sociocultural existe um embasamento psicobiológico que lhe dá características universais. Pretender que o redespertar da sexualidade no nível de maturidade genital não é um fenômeno básico da adolescência no nosso meio, seria como pretender que o próprio processo da civilização não acontece na realidade e que toda a circunstância socioeconômica de desenvolvimento não sucedeu e que a civilização não aconteceu como um fenômeno que incide diretamente sobre a personalidade. Seria também pretender que não há uma sexualidade prévia e que a personalidade é um sinônimo direto de maturidade unicamente. Segundo esse critério, poder-se-ia chegar à conclusão, absurda, certamente, do ponto de vista evolutivo, de que só os adultos teriam personalidade e, também por isso, só eles teriam sexualidade.

Levando em consideração estes conceitos, ao aproximar-nos à adolescência em *nosso meio* e com a *objetividade* necessária para o investigador — que implica, logicamente, considerar a situação atual do próprio investigador e do objeto investigado —, nos localizamos no aqui e agora do mundo adolescente, como um *presente* atual, reconhecendo que por razões de ideologia científica temos um preconceito que define nosso marco referencial teórico.

A experiência psicanalítica do tratamento de adolescentes que vêm ou são trazidos a consulta, muitas vezes por consideração não só de caráter patológico no sentido estrito do termo, mas por conduta *considerada* como *anormal* dentro do marco familiar ou social do nosso meio, e a experiência psicanalítica com adolescentes com verdadeiros transtornos psicopatológicos, que não são mais do que a expressão magnificada, distorcida, mas que ocorre na evolução normal, sugere-nos outra fonte de informações. Se a isto unirmos os grupos de pais, os tratamentos de adultos onde se faz uma reconstrução do mundo da sua adolescência, veremos outra perspectiva a mais do que significa este período evolutivo. Devemos anexar a isto a experiência com grupos de orientação de pais, os de orientação para mães e grupos de discussão de jovens e de adultos, como outro dos aspectos significativos para compreender o que ocorre com a adolescência.

Por outra parte, também investiguei mediante a utilização de questionários, testes psicológicos, grupos de discussão com adolescentes, completando isto com investigações sistemáticas desde o ponto de vista da indagação psicológica, o que me permitiu chegar a algumas conclusões que são as que trato de unificar e transmitir aqui[30,31,35,36,40,41].

Concordo com Sherif e Sherif[61] que a adolescência está caracterizada fundamentalmente por ser um período de transição entre a puberdade e o estado adulto do desenvolvimento e que nas diferentes sociedades este período pode variar, como varia o reconhecimento da condição adulta que se dá ao indivíduo. Entretanto, existe, como base de todo este processo, uma circunstância especial, que é a característica própria do processo adolescente em si, ou seja, uma situação que obriga o indivíduo a reformular os conceitos que tem a respeito de si mesmo e que o levam a abandonar sua autoimagem infantil e a projetar-se no futuro de sua vida adulta. O problema da adolescência deve ser tomado como um processo universal de troca, de desprendimento, mas que será influenciado por conotações externas peculiares de cada cultura, que o favorecerão ou dificultarão, segundo as circunstâncias.

Abstrair a adolescência do *continuum* que é o processo evolutivo e estudá-la apenas como uma etapa preparatória para a maturidade, significa, para mim, um adultomorfismo que é preciso superar, já que induz a prejuízos de investigação, dos quais depois resulta difícil escapar. Isto não implica negar que o caminho da adolescência é integrar-se nesse mundo do adulto, onde terá que aceitar sua nova configuração de ser humano, sua morfologia adulta e a capacidade do exercício de sua genitalidade para a procriação.

Enfocado assim o problema da adolescência, esta metodologia poderia parecer pouco sistemática. Entretanto, devemos ter presente, como assinalaram Thorpe e Johnson[66], que alguns estudos muito sistemáticos podem estereotipar o adolescente individual e dar um quadro errado.

Em trabalhos anteriores[30,32,33,34,35] cheguei a definir a adolescência como: "a etapa da vida durante a qual o indivíduo procura estabelecer sua identidade adulta, apoiando-se nas primeiras relações objeto-parentais internalizadas e verificando a realidade que o meio social lhe oferece, mediante o uso dos elementos biofísicos em desenvolvimento à sua disposição e que por sua vez tendem à estabilidade da personalidade num plano genital, o que só é possível quando consegue o luto pela identidade infantil". Logicamente, dou por subentendido que quando falo de identidade, como já indiquei, falo de um *continuum* e que não me estou referindo à capacidade que tem o adolescente para conseguir uma identidade determinada, como veremos em seguida.

O processo de luto é básico e fundamental e se expõe nos capítulos que, com a inspiração e seguindo as ideias fundamentais de Arminda Aberastury, apresentam-se neste livro.

Penso que a estabilização da personalidade não se consegue sem passar por um certo grau de conduta *patológica* que, conforme o meu critério, devemos considerar inerente à evolução *normal* desta etapa da vida.

Frente a um mundo tão mutável e a um indivíduo que, como o adolescente, apresenta uma série de atitudes também mutáveis, este não pode senão manifestar-se numa forma muito especial, que de nenhuma maneira pode comparar-se sequer com o que seria a verdadeira normalidade no conceito adulto do termo.

O conceito de *normalidade* não é fácil de estabelecer, já que em geral varia em relação com o meio socioeconômico, político e cultural, como já indiquei. Portanto, resulta geralmente uma abstração com validade operacional para o investigador que, situado num meio determinado, rege-se pelas normas sociais vigentes em forma implícita ou explícita.

Assinalei em outra oportunidade[32] que a normalidade se estabelece sobre as pautas de adaptação ao meio, e que não significa *submetimento ao mesmo,* mas a capacidade de utilizar os dispositivos existentes para o alcance das satisfações básicas do indivíduo, numa interação permanente que procura modificar o desagradável ou o inútil através do alcance de substituições para o indivíduo e para a comunidade. Logicamente que, como destaca J.A. Merloo[45], a personalidade bem integrada não é sempre a melhor adaptada, mas tem, sim, a força interior como para advertir o momento em que uma aceitação temporária do meio pode estar em conflito com a realização de objetivos básicos, e pode também modificar a sua conduta de acordo com as suas necessidades circunstanciais. Este é o aspecto da conduta no qual o adolescente, em termos gerais, pode falhar. Ao viver uma etapa fundamental de transição, sua personalidade tem características especiais que nos permitem situá-lo entre as chamadas personalidades *marginais,* no sentido da adaptação e da integração que acabamos de esboçar. Anna Freud[21] diz que é muito difícil assinalar o limite entre o normal e o patológico na adolescência, e considera que, na realidade, toda a comoção deste período da vida deve ser considerada como normal, assinalando também que seria *anormal a* presença de um equilíbrio estável durante o processo adolescente.

As lutas e rebeliões externas do adolescente não são mais do que reflexos dos conflitos de dependência infantil que intimamente ainda persistem. Os processos de luto obrigam a atuações que têm características defensivas, de caráter psicopático, fóbico ou contrafóbico, maníaco ou es-

28 Arminda Aberastury • Mauricio Knobel

quizoparanoide, conforme o indivíduo e suas circunstâncias. É por isso que considero que posso falar de uma verdadeira *patologia normal* do adolescente, no sentido de que precisamente este exterioriza seus conflitos de acordo com a sua estrutura e suas experiências.

Assim como sabemos que existem fantasias psicóticas no bebê — pela nossa experiência clínica psicanalítica —, vemos na adolescência a exteriorização, modificada pela experiência prévia, dos remanescentes dessas fantasias.

Para Erikson existe na adolescência uma mudança que é fundamentalmente crítica. Este autor fala de três estágios no processo evolutivo, que sintetiza em: *criança, adolescente* e *adulto,* baseando-se em conceitos de Piaget, e aceitando que não se é um adulto adulto (nem foi uma criança criança, nem se tornou um adolescente adolescente) sem o que Piaget chama de *conflito* e que ele prefere chamar de crise[17]. Destaca então que, "de fato, para cada unidade destas, corresponde uma crise maior, e quando, por qualquer razão, uma crise tardia é severa, revivem-se as crises anteriores". A adolescência adolescente é então, segundo este critério, também conflitiva, como facilmente se pode concluir.

Sobre estas bases, e levando em consideração o critério evolutivo da psicologia, considero que a adolescência, mais do que uma etapa estabilizada, é processo, desenvolvimento, e que, portanto, deve se admitir e compreender a sua aparente patologia, para situar seus desvios no contexto da realidade humana que nos rodeia.

O adolescente passa por desequilíbrios e instabilidades extremas de acordo com o que conhecemos dele. Em nosso meio cultural, mostranos períodos de elação, de introversão, alternando com audácia, timidez, descoordenação, urgência, desinteresse ou apatia, que se sucedem ou são concomitantes com conflitos afetivos, crises religiosas nas quais se pode oscilar do ateísmo anárquico ao misticismo fervoroso, intelectualizações e postulações filosóficas, ascetismo, condutas sexuais dirigidas para o heteroerotismo e até a homossexualidade ocasional. Tudo isto é o que eu chamei uma entidade semipatológica ou, preferindo, "uma síndrome normal da adolescência"[30,32,34,35,36]. Devo assinalar também aqui que, emparentadamente, estas características não são exclusivamente nossas, do nosso meio particular, mas que é possível vê-las em diferentes culturas e dentro de diferentes marcos socioeconômicos de vida, como pude apreciar no Seminário Psiquiátrico Transcultural sobre Adolescência realizado em maio de 1968 pela Associação Norte-Americana de Psiquiatria, durante seu 124º Congresso Anual[37]. A maior ou menor anormalidade desta síndrome normal à qual acabo de referir-me dever-se-á, em grande parte, aos processos de identificação e de luto que tenha podido realizar o adolescente. Na medida em que tenha elaborado os lutos, que são em última instância

Adolescência Normal 29

os que levam à identificação, o adolescente verá seu mundo interno mais fortificado e, então, esta normal anormalidade será menos conflitiva e, consequentemente, menos perturbadora.

A SÍNDROME NORMAL DA ADOLESCÊNCIA

Sintetizando as características da adolescência, podemos descrever a seguinte *sintomatologia* que integraria esta síndrome: 1) busca de si mesmo e da identidade; 2) tendência grupal; 3) necessidade de intelectualizar e fantasiar; 4) crises religiosas, que podem ir desde o ateísmo mais intransigente até o misticismo mais fervoroso; 5) deslocalização temporal, onde o pensamento adquire as características de pensamento primário; 6) evolução sexual manifesta, que vai do autoerotismo até a heterossexualidade genital adulta; 7) atitude social reivindicatória com tendências anti ou associais de diversa intensidade; 8) contradições sucessivas em todas as manifestações da conduta, dominada pela ação, que constitui a forma de expressão conceitual mais típica deste período da vida; 9) uma separação progressiva dos pais; e 10) constantes flutuações do humor e do estado de ânimo.

Deliberadamente aceito a contradição que significa o associar *síndrome,* que implica entidade clínica, com *normalidade,* que significaria estar fora da patologia. Entretanto, o convívio social e nossas estruturas institucionais fazem-nos ver que as normas de conduta estão estabelecidas, manejadas e regidas pelos indivíduos adultos da nossa sociedade. É sobre esta intercorrelação de gerações, e desde o ponto de vista regente e diretivo, que podemos, e creio eu que *devemos,* estar capacitados para observar a conduta juvenil como algo que aparentemente é seminormal ou semipatológico, mas que, entretanto, frente a um estudo mais objetivo, desde o ponto de vista da psicologia evolutiva e da psicopatologia, aparece realmente como algo coerente, lógico e normal.

Por outro lado, esta maneira de encarar o problema permite aceitar os desajustes e desencontros, valorizá-los com maior correção e utilizar o impacto de gerações, não como fonte de conflitos negativos, mas como um encontro inquietante que facilite o desenvolvimento da humanidade.

Vejamos agora as características fundamentais das situações antes enunciadas como *sintomas.*

1 — BUSCA DE SI MESMO E DA IDENTIDADE

Estabelecido o aparelho psíquico imediatamente depois do nascimento[28] e aceitando, além disso, que o psiquismo já está estruturado de uma determinada maneira durante o período embrionário e fetal[54], vemos

30 Arminda Aberastury • Mauricio Knobel

que se começam a elaborar as ansiedades básicas, substrato da personalidade desde o nascimento mesmo, num processo psicológico que num *continuum* levará o indivíduo até a maturidade.

O período infantil e o da adolescência não devem ser vistos, conforme já o indiquei, apenas como uma preparação para a maturidade, mas é necessário enfocá-los com um critério do momento atual do desenvolvimento e do que significa o ser humano nessas etapas da vida. É lógico aceitar que o caminho da adolescência é entrar no mundo do adulto, mas temos que reconhecer que a *identidade* é uma característica de cada momento evolutivo. Como para nós a adolescência é também um momento do desenvolvimento, uma etapa a mais no processo total do viver, devemos tentar observar quais são as características fundamentais que aparecem neste período vital.

É preciso destacar que o poder chegar a utilizar a genitalidade na procriação é um feito biopsicodinâmico que determina uma modificação essencial no processo de conquista da identidade adulta e que caracteriza a turbulência e a instabilidade da identidade adolescente. O acontecimento do amadurecimento genital, psicodinamicamente considerado, junto com a reativação de todas as etapas pré-genitais (nas quais, logicamente, é necessário incluir a *fase genital prévia*[3,4,5], que é a que marca grande parte das modalidades de comportamento do adolescente e depois do adulto) da evolução libidinal e com a interação tumultuosa dos processos psicológicos básicos de dissociação, projeção, introjeção e identificação, irão estabelecendo, de uma maneira algo confusa no começo e mais estruturada depois, a personalidade mais ou menos definida. Ou seja, conseguir-se-á chegar a uma verdadeira cristalização do árduo processo de individualização, que seria uma das funções essenciais desta etapa da vida. A criança entra na adolescência com dificuldades, conflitos e incertezas que se magnificam neste momento vital, para sair em seguida à maturidade estabilizada com determinado caráter e personalidade adultos. Consegue-se o que Erikson[15] definiu como uma entidade egoica, uma entidade pessoal, e o que Nixon[51] denominou a autocognição. Conforme este último autor, a autocognição é um fenômeno essencialmente biológico e se relaciona com o conceito de *si mesmo (self),* ou seja, o símbolo que cada um possui de seu próprio organismo. Entendo que isto se produz, na realidade, em todas as etapas do desenvolvimento e que adquire características especiais na adolescência. A ideia do si mesmo ou do *self* implica algo muito mais amplo em todas as etapas do desenvolvimento. É o conhecimento da individualidade biológica e social, do ser psicofísico em seu mundo circundante, que tem características especiais em cada idade evolutiva. A consequência final da adolescência seria um conhecimento do si mesmo como entidade biológica no mundo, o todo biopsicossocial de cada ser *nesse* momento da vida. Ao conceito do *self* como entidade psicológica, une-se o conhecimento do substrato físico e biológico da personalidade. O corpo e o esquema corporal são duas variáveis intimamente inter-relacionadas que não devem desconhecer-se na equação do processo de definição de *si mesmo e* da identidade.

Pode-se aceitar que na puberdade ocorram mudanças físicas em três níveis fundamentais[9], que são: um primeiro nível, onde a ativação dos hormônios gonadotróficos da hipófise anterior produz o estímulo fisiológico necessário para a modificação sexual que ocorre neste período da vida. No segundo nível temos as consequências imediatas da secreção da gonadotrofina hipofisária e do prosseguimento da secreção do hormônio de crescimento da mesma hipófise: a produção de óvulos e espermatozoides maduros e também o aumento da secreção de hormônios adrenocorticais como resultado da estimulação do hormônio adrenocorticotrófico. No terceiro nível se encontra o desenvolvimento das características sexuais primárias (com o aumento do pênis, dos testículos, ou do útero e da vagina) e o desenvolvimento das características sexuais secundárias (com o amadurecimento dos seios, a modificação da cintura escapulária e pelviana, o crescimento do pelo pubiano, as mudanças de voz), aos quais devemos acrescentar as modificações fisiológicas em geral e das mudanças de tamanho, peso e proporção do corpo que acontecem neste período vital. Em nosso meio, Schteingart[58] apresentou uma descrição exaustiva do que ocorre com as modificações endócrinas neste período da vida.

O esquema corporal é uma resultante intrapsíquica da realidade do sujeito, ou seja, é a representação mental que o sujeito tem de seu próprio corpo como consequência de suas experiências em contínua evolução. Esta noção do indivíduo vai se estabelecendo desde os primeiros movimentos dinâmicos de dissociação, projeção e introjeção que permitem o conhecimento do *self* e do mundo exterior, isto é, do mundo interno e do mundo externo[39]. Aqui são de fundamental importância os processos de luto com relação ao corpo infantil perdido, que obrigam a uma modificação do esquema corporal e do conhecimento físico de si mesmo, numa forma muito característica para este período. Logicamente, isto vai acontecendo com características diferentes desde o começo da vida, mas cristaliza, em virtude do recém-indicado, de uma maneira muito significativa e especial na adolescência. (Os processos de luto são descritos amplamente mais adiante neste livro.)

A conquista de um *autoconceito* é o que também Sherif e Sherif[61] chamam o ego, desde um ponto de vista psicológico não psicanalítico, assinalando que este autoconceito vai se desenvolvendo à medida que o sujeito vai mudando e vai se integrando com as concepções que muitas pessoas, grupos e instituições têm a respeito dele mesmo, e vai assimilando todos os valores que constituem o ambiente social. Concomitantemente, vai se formando este sentimento de identidade, como uma verdadeira experiência de *autoconhecimento*[24]. A psicanálise confirma estas ideias e também aceita que é necessário integrar todo o passado, o experimentado, o internalizado (e também o rejeitado), com as novas exigências do meio e com as urgências instintivas ou, preferindo-se, com as modalidades de relação objetal estabelecidas no campo dinâmico das relações interpessoais. O adolescente precisa dar continuidade a tudo isto dentro da personalidade, pelo que se estabelece uma busca de um novo sentimento de continuidade e semelhança consigo mesmo[16]. Para Erikson[18], o problema-chave da identidade consiste na capacidade do ego de manter esta semelhança e continuidade frente a um destino mutável, e por isso a identidade não significa para este autor um sistema interno, fechado, impenetrável à mudança, mas sim um processo psicossocial que preserva alguns aspectos essenciais, tanto no indivíduo como em sua sociedade.

Para Sorenson[62], a identidade é a criação de um sentimento interno da semelhança e continuidade, uma unidade da personalidade sentida pelo indivíduo e reconhecida por outro, que é o "saber quem sou".

Grinberg[24] diz que o sentimento de identidade "implica a noção de um ego que se apoia essencialmente na continuidade e semelhança das fantasias inconscientes referidas primordialmente às sensações corporais, às tendências e afetos em relação aos objetos do mundo interno e externo e às ansiedades correspondentes, ao funcionamento específico em qualidade de intensidade dos mecanismos de defesa e ao tipo particular de identificações assimiladas, resultantes dos processos de introjeção e projeção".

Não se passa da infância à plena atuação genital procriativa, mas se atravessa primeiro pelo que Erikson[15] chamou "a moratória psicossexual", onde não se requerem papéis específicos e se permite experimentar com o que a sociedade tem para oferecer, com a finalidade de permitir a posterior definição da personalidade.

Nesta busca de identidade, o adolescente recorre às situações que se apresentam como mais favoráveis no momento. Uma delas é a da uniformidade, que proporciona segurança e estima pessoal. Ocorre aqui o processo de dupla identificação em massa, onde todos se identificam com cada um, e que explica, pelo menos em parte, o processo grupal do qual participa o adolescente e do qual em seguida me ocuparei.

Em certas ocasiões, a única solução pode ser a de procurar o que o próprio Erikson[15] chamou também "uma identidade negativa", baseada em identificações com figuras negativas mas *reais.* É preferível ser alguém perverso, indesejável, a não ser nada. Isto constitui uma das bases do problema das turmas de delinquentes, dos grupos de homossexuais, dos adeptos às drogas, etc. A realidade costuma ser mesquinha ao proporcionar figuras com as quais pode-se fazer identificações positivas e então, na necessidade de ter *uma* identidade, recorre-se a esse tipo de identificação, anômala, mas concreta. Isto acontece muitas vezes, sobretudo quando já houve transtornos na aquisição da identidade infantil. Além disso, quando os processos de luto pelos aspectos infantis perdidos se realizam em forma patológica, a necessidade da conquista de uma identidade costuma fazer-se muito imperiosa para poder abandonar a da criança, que segue se mantendo.

Grinberg[24] destaca a possibilidade da desconformidade com a personalidade adquirida e o desejo de conseguir outra por meio da identificação projetiva. Esta pode ser mobilizada pela inveja, um dos sentimentos mais importantes que entram em jogo nas relações de objeto[29]. As primeiras etapas do desenvolvimento se caracterizam porque o bebê pode invejar o peito que não o satisfaz e fantasiar com sua destruição, de acordo com a teoria kleiniana. Este é um sentimento negativo, já que procura se apoderar do objeto e danificá-lo. Impede-se assim a divisão do mesmo em bom e mau e criam-se situações confusas[59]. Sobre esta base, os atributos masculinos ou femininos podem chegar a ser invejados indistintamente, e a *identidade sexual* do sujeito se perturba, dificultando notavelmente a solução do processo edípico adolescente. Pode acontecer aqui a "identificação com o agressor", na qual o adolescente adota as características de personalidade de quem atuou agressiva e persecutoriamente com ele.

Existem também problemas de pseudoidentidade, expressões manifestas do que se quisera ou pudera ser e que escondem a identidade latente, a verdadeira[24].

Como se verá no capítulo sobre os mecanismos de defesa predominantes nos adolescentes, a angústia que se desperta nestes, vinculada com o transtorno da percepção do decurso do tempo, pode levá-los a iniciar precocemente sua vida genital ou a substitutos socializados desta, ainda antes de ter aceitado a sua identidade genital, como se não pudessem esperar que esta chegue. Nesta pressa, que se pode interpretar como uma forma maníaca de procurar a identidade adulta, é possível chegar à aquisição de *ideologias* que são somente defensivas ou, em muitos casos, tomadas emprestadas aos adultos, as que não estão autenticamente incorporadas ao ego.

Tudo o que foi dito anteriormente é o que pode levar o adolescente a adotar diferentes identidades. As *identidades transitórias* são as adotadas durante um certo tempo, como, por exemplo, o período de machismo no rapaz ou da precoce sedução histeroide na moça — descrita com precisão na novela *Lolita,* de Nabokov —, do adolescente *bebê* ou do adolescente *muito sério, muito adulto;* as *identidades ocasionais* são as que se dão frente a situações novas, como, por exemplo, no primeiro encontro com um parceiro, o primeiro baile, etc., e as *identidades circunstanciais* são as que conduzem a identificações parciais transitórias que costumam confundir o adulto, surpreendido, às vezes, ante as mudanças na conduta de um mesmo adolescente que recorre a este tipo de identidade, como, por exemplo, quando o pai vê seu filho adolescente, conforme o vêem no colégio, no clube, etc., e não como ele habitualmente o vê no seu lar e na sua relação com ele mesmo.

Estes tipos de *identidade* são adotados sucessivamente ou simultaneamente pelos adolescentes conforme as circunstâncias. São aspectos da *identidade adolescente,* os quais estou descrevendo, que surgem como uma de suas características fundamentais, relacionadas com o processo de separação — que posteriormente poderá ser definitiva — das figuras parentais, com aceitação de uma identidade independente.

Devemos levar em consideração, também, que isto se pode interpretar como o resultado do manejo das ansiedades persecutórias e das capacidades autodestrutivas que obrigam à fragmentação do ego e dos objetos com os quais este entra em contato, com a consequente projeção ao exterior destas imagens ameaçadoras. Não poucas vezes se experimenta o desprendimento como uma prova definitiva para o ego, posto que somente perdendo os aspectos que resultam já inúteis (pais infantis persecutórios destruídos) podem-se integrar outros novos dentro da personalidade. Enquanto isto se realiza, configura-se um sentimento depressivo, o qual precipita um desejo de completar-se, que em muitos indivíduos produz um "sentimento antecipatório de ansiedade e depressão referente ao ego", como diz Grinberg[24], e que obriga a agarrar-se a precários estados de identidade com a finalidade de preservar-se de alterações muito temidas.

Conforme este autor, são microdepressões e microlutos que prevêem e preparam o ego ante o perigo de depressões mais severas, como são as que acontecem nas grandes mudanças de personalidade e que se produzem frente a acontecimentos importantes da vida, que implicam estruturações mais permanentes e progressivas.

Na adolescência tudo isto acontece com uma intensidade muito marcada.

A situação mutável que significa a adolescência obriga a reestruturações permanentes externas e internas que são vividas como intrusões dentro do equilíbrio conquistado na infância e que obrigam o adolescente, no processo de conquistar a sua identidade, a tentar refugiar-se ferreamente em seu passado enquanto tenta também projetar-se intensamente no futuro.

Realiza um verdadeiro processo de luto pelo qual, no início, nega a perda de suas condições infantis e tem dificuldades em aceitar as realida-

Adolescência Normal 35

des mais adultas que se lhe vão impondo, entre as quais, logicamente, se encontram fundamentalmente as modificações biológicas e morfológicas do seu próprio corpo.

Alguns autores separam a puberdade da adolescência, visto que esta última implicaria algo mais do que as mudanças físicas[50], mas não há dúvidas de que estas mudanças participam ativamente do processo adolescente, ao ponto de formar com ele um todo indeiscente. O rapaz apresenta o crescimento do pelo axilar, pubiano e facial, a mudança de voz, o incremento muscular e o começo da emissão seminal. A moça também mostra o aparecimento do pelo axilar e pubiano, a acentuação das cadeiras, o desenvolvimento dos seios, e o começo da ovulação e da menstruação[9]. Todas estas mudanças que vão se sucedendo criam grande preocupação. Às vezes, a ansiedade é tão grande que surge o que já assinalei como desconformidade com a própria identidade, que se projeta então ao organismo. Um grupo de rapazes e moças, interrogados a respeito de se desejariam uma mudança do seu aspecto físico, respondeu na sua grande maioria que sim[49], o que demonstra como o adolescente vive estas mudanças corporais como perturbadoras. A descoordenação muscular, devido ao desigual crescimento osteomuscular, o aspecto desajeitado, a falta de semelhança com os que o rodeiam no meio familiar, despertam no adolescente sentimentos de estranheza e insatisfação. Isto contribui para criar esse sentimento de *despersonalização,* unido, logicamente, à elaboração psicológica da identidade que estou descrevendo. Temos aqui certos padrões de aspecto físico que se tentam imitar e seguir nas identificações e que estão culturalmente determinados. É muito certa a afirmação de Mira y López[46] no sentido de que em nosso meio cultural se observa, por exemplo, em torno do pelo facial, toda uma grande preocupação. Surge o que este autor chama a *tricofilia* do rapaz e a *tricofobia* da moça.

Estas mudanças são percebidas não só no exterior corporal, mas como uma *sensação* geral de caráter físico. Há, como diz Anibal Ponce[53], uma verdadeira cenestesia, subjetiva e inexprimível.

Os processos de identificação que se foram desenvolvendo na infância mediante a incorporação de imagens parentais boas e más são os que permitirão uma melhor elaboração das situações mutáveis que se tornam difíceis durante o período adolescente da vida. O processo de luto, que se realiza como todo processo de luto, precisa de tempo para ser realmente elaborado e não ter as características de uma atuação de caráter maníaco ou psicopático, o que explica que o verdadeiro processo de entrar e sair da adolescência seja tão longo e nem sempre plenamente alcançado.

A busca incessante de saber qual a identidade adulta que se vai constituir é angustiante, e as forças necessárias para superar estes microlutos e os lutos ainda maiores da vida diária obtêm-se das primeiras figuras introjetadas que formam a base do ego e do superego deste mundo interno do ser. A integração do ego se produz pela elaboração do luto em partes de si mesmo e por seus objetos[25]. Um bom mundo interior surge de uma relação satisfatória com os pais internalizados e da capacidade criativa que eles proporcionam, como assinala Arminda Aberastury[2], que destaca que esse mundo interno que possibilita uma boa conexão interior, uma fuga defensiva na qual o adolescente "mantém e reforça a sua relação com os objetos internos e evita os externos", é o que facilita um bom reajuste emocional e o estabelecimento da identidade adolescente.

Sobre a base do que foi dito, creio lógico assinalar que a *identidade adolescente* é a que se caracteriza pela mudança de relação do indivíduo, basicamente com seus pais. (Refiro-me à relação com os pais externos reais e à relação com as figuras parentais internalizadas). Logicamente, a separação destes começa desde o nascimento, mas é durante a adolescência que os seres humanos, como dizem Gallagher e Harris[23], "querem desesperadamente ser eles mesmos". Como estes autores assinalaram, "lutar por conseguir a maturidade não é o mesmo que ser maduro". Na adolescência, o indivíduo dá um novo passo para se estruturar na preparação para a vida adulta. Dentro do *continuum* de sua identidade, os elementos biológicos introduzem uma modificação irreversível. Já não se terá novamente o corpo infantil. Embora todo o processo evolutivo esteja marcado por microlutos, aqui começa um luto muito mais evidente e significativo, o qual acompanharão os lutos pelo papel e pela identidade infantis (junto com o luto pela bissexualidade) e por esses pais da infância a quem tanto se necessitava e dos quais se podia depender.

A presença externa, concreta, dos pais *começa* a ser desnecessária. Agora a separação destes não só é possível, como necessária. As figuras parentais estão internalizadas, incorporadas à personalidade do sujeito, e este pode começar seu processo de *individualização*. O volume, a configuração e a qualidade das figuras parentais internalizadas adequadamente enriqueceram o ego, reforçaram seus mecanismos defensivos úteis, permitiram o desenvolvimento de suas áreas mais sãs ou, preferindo-se, das não psicóticas, estruturaram o superego, e dotaram-no das necessárias características encausadoras da vida sexual que *começa a poder exteriorizar-se na satisfação genital,* agora biologicamente possível. O nível genital adulto, com características procriativas, ainda não foi alcançado plenamente (Ashley Montagu nos fala da "esterilidade do organismo adolescente"), mas a chamada da sexualidade à satisfação genital, que começou na fase genital prévia, é agora uma realidade fática. Essa é outra das situações de mudança que se produzem na adolescência, e que influem nas características de como é nesse momento a busca de si mesmo e da identidade.

2 — A TENDÊNCIA GRUPAL

Já assinalei que, na sua busca da identidade adolescente, o indivíduo, nessa etapa da vida, recorre como comportamento defensivo à busca de *uniformidade,* que pode proporcionar segurança e estima pessoal. Aí surge o espírito de grupo pelo qual o adolescente mostra-se tão inclinado. Há um processo de superidentificação em massa, onde todos se identificam com cada um. Às vezes, o processo é tão intenso que a separação do grupo parece quase impossível e o indivíduo pertence mais ao grupo de coetâneos do que ao grupo familiar. Não se pode separar da *turma* nem de seus caprichos ou modas. Por isso, inclina-se às regras do grupo, em relação a modas, vestimenta, costumes, preferências de todos os tipos, etc.

Em outro nível, as atuações do grupo e dos seus integrantes representam a oposição às figuras parentais e uma maneira ativa de determinar uma identidade diferente da do meio familiar. No grupo, o indivíduo adolescente encontra um reforço muito necessário para os aspectos mutáveis do ego que se produzem neste período da vida.

Desta maneira, o fenômeno grupal adquire uma importância transcendental, já que se transfere ao grupo grande parte da dependência que anteriormente se mantinha com a estrutura familiar e com os pais especialmente. O grupo constitui assim a transição necessária no mundo externo para alcançar a individualização adulta. O grupo resulta útil para as dissociações, projeções e identificações que seguem ocorrendo no indivíduo, mas com características que diferem das infantis. Depois de passar pela experiência grupal, o indivíduo poderá começar a separar-se da *turma* e assumir a sua identidade adulta. A utilização dos mecanismos esquizoparanoides é muito intensa durante a adolescência, e o fenômeno grupal favorece a instrumentação dos mesmos. Quando durante este período da vida o indivíduo sofre um *fracasso de personificação,* produto da necessidade de deixar rapidamente os atributos infantis e assumir uma quantidade de obrigações e responsabilidades para as quais ainda não está preparado, recorre ao grupo como um reforço para a sua identidade. Vê-se também que uma das lutas mais desapiedadas é a que se desenvolve em defesa da independência, num momento em que os pais desempenham ainda um papel muito ativo na vida do indivíduo. É por isso que no fenômeno grupal o adolescente procura um líder ao qual submeter-se, ou então, erige-se ele mesmo em líder para exercer o poder do pai ou da mãe.

Precisamente, também pelos mesmos mecanismos de tipo esquizoide aos quais estou me referindo, o indivíduo sente que estão acontecendo processos de mudança, dos quais ele não pode participar de modo ativo, e o grupo vem a solucionar então grande parte de seus conflitos. Entretanto, em virtude da estrutura esquizoide que caracteriza este fenômeno grupal, sua própria personalidade costuma ficar fora de todo o processo que está acontecendo, especialmente nas esferas do pensamento, como veremos no capítulo correspondente, e o indivíduo sente-se totalmente irresponsável pelo que acontece ao seu redor. Pareceria que o adolescente não tivesse nada a ver com o que faz, o que pode explicar atitudes que aparentemente implicam uma grande dependência dos adultos, mas que se contradizem imediatamente com demandas e pedidos de ajuda que revelam a extrema dependência que na realidade têm.

O fenômeno grupal facilita a *conduta psicopática normal no adolescente,* como se enfatizará em outros capítulos deste texto. O *acting-out* motor, produto do descontrole frente à perda do corpo infantil, une-se ao *acting-out* afetivo, produto do descontrole pelo papel infantil que se está perdendo; aparecem então condutas de desafeto, de crueldade com o objeto, de indiferença, de falta de responsabilidade, que são típicas da psicopatia, mas que encontramos na adolescência normal. Como se enfatizará logo, a diferença fundamental reside em que no psicopata esta conduta é permanente e cristalizada, enquanto que no adolescente normal é um momento circunstancial e transitório que se submete à retificação pela experiência. Logicamente, também acontecem manifestações de conduta neurótica ou psicótica de diferente natureza, conforme as circunstâncias e as condições internas de cada sujeito.

Ao reiterar o assinalado no capítulo 5 sobre o pensamento no adolescente, posso afirmar que, no psicopata, o "curto-circuito afetivo, ao eliminar o pensamento, onde a culpa pode se elaborar, permite o mau trato definitivo dos objetos reais e fantasiados, criando em última instância um empobrecimento do ego, que tenta manter-se irrealmente numa situação infantil de irresponsabilidade, mas com aparente independência. Diferente do adolescente normal, que tem conflitos de dependência, mas que pode reconhecer a frustração, a impossibilidade de reconhecer e aceitar a frustração obriga a bloquear a culpa e induzir o grupo à atuação sadomasoquista sem participar da mesma. Pode fazê-lo porque dissocia pensamento de afeto e utiliza o conhecimento das necessidades dos outros para provocar a sua atuação, satisfazendo assim, indiferentemente em aparência, suas próprias ansiedades psicóticas. O adolescente pode, nestas circunstâncias, seguir os propósitos do psicopata, e sucumbe na ação, já que participa intensa e honestamente da mesma. É assim que o conflito de identidade, no adolescente normal, adquire no psicopata a modalidade de uma má-fé consciente, que o leva a expressões do pensamento de tipo cruel, desafetivo, ridicularizante dos demais, como mecanismos de defesa frente à culpa e ao luto pela infância perdida que não pode ser elaborada."

3 — NECESSIDADE DE INTELECTUALIZAR E FANTASIAR

A necessidade de intelectualizar e fantasiar acontece como uma das formas típicas do pensamento do adolescente. Nesta obra nos referimos com maior extensão ao tema do pensamento nesta etapa da vida num capítulo especialmente dedicado ao tema. Aqui tomo estes mecanismos, que podem ser logicamente considerados como mecanismos defensivos, em sua expressão fenomênica, e tratarei de explicar psicodinamicamente estes sintomas da síndrome da adolescência normal.

A necessidade que a realidade impõe de renunciar ao corpo, ao papel e aos pais da infância, assim como à bissexualidade que acompanha a identidade infantil, enfrenta o adolescente com uma vivência de fracasso ou de impotência frente à realidade externa. Isto obriga também o adolescente a recorrer ao pensamento para compensar as perdas que ocorrem dentro de si mesmo e que não pode evitar. As elocubrações das fantasias conscientes — refiro-me ao fantasiar — e o intelectualizar servem como mecanismos defensivos frente a estas situações de perda tão dolorosas.

A intelectualização e o ascetismo têm sido assinalados por Anna Freud[20] como manifestações defensivas típicas da adolescência.

Esta autora nos mostra que a função do ascetismo é manter o id dentro de certos limites por meio de proibições, e a função da intelectualização consistirá em ligar os fenômenos instintivos com conteúdos ideativos e fazê-los assim acessíveis à consciência e fáceis de controlar.

A incessante flutuação da identidade adolescente, que se projeta como identidade adulta num futuro bem próximo, adquire caracteres que costumam ser angustiantes e que obrigam a um refúgio interior que é muito característico. É ali onde, como já indiquei, o mundo infantil desempenha um papel predominante que é absolutamente fundamental levar em consideração para compreender como o adolescente, frente a todos estes choques do seu mundo interno mutável e do seu mundo externo indominável e frustrante, pode sair airoso. Como assinalou Arminda Aberastury[2], somente tendo uma relação adequada com objetos internos bons e também com experiências externas não demasiadamente negativas, pode-se chegar a cristalizar uma personalidade satisfatória.

Tal fuga no mundo interior permite, segundo esta autora, uma espécie de reajuste emocional, um autismo positivo no qual se dá um "incremento da intelectualização" que leva à preocupação por princípios éticos, filosóficos, sociais, que muitas vezes implicam formular-se um plano de vida muito diferente do que se tinha até esse momento e que também permite a teorização acerca de grandes reformas que podem acontecer no mundo exterior. Este mundo exterior vai se diferenciando cada vez mais do mundo interno e, portanto, serve também para defender-se das mudanças incontroláveis deste último e do próprio corpo. Surgem, então, as grandes teorias filosóficas, os movimentos políticos, as ideias de salvar a humanidade, etc. É também aí que o adolescente começa a escrever versos, novelas, contos e dedica-se a atividades literárias, artísticas, etc.

É preciso destacar que esta é uma explicação de certas manifestações culturais e políticas que acontecem muito habitualmente na grande maioria dos adolescentes. Mas não implica concluir que todas as manifestações artísticas, culturais e políticas dos adolescentes tenham forçosamente este substrato, nem que respondam sempre a situações conflituosas não manejáveis. Talvez coubesse discutir aqui toda a problemática da sublimação por um lado ou o enfoque psicossociológico por outro, o que foge às possibilidades deste trabalho.

4 — AS CRISES RELIGIOSAS

Quanto à religiosidade, fenomenologicamente se observa que o adolescente pode se manifestar como um ateu exacerbado ou como um místico muito fervoroso, como situações extremas. Logicamente, entre elas há uma grande variedade de posicionamentos religiosos e mudanças muito frequentes. É comum observar que um mesmo adolescente passa, inclusive, por períodos místicos ou por períodos de um ateísmo absoluto. Isto concorda com toda a situação mutável e flutuante do seu mundo interno, ao qual estou me referindo.

Charlotte Buhler[12] disse que o adolescente *"quer* duvidar, cavilar, quer procurar, não decidir-se...", "e quando entra nesta idade difícil, pergunta-se quem é, o que é, para depois tentar uma resposta mais ou menos adequada a esta pergunta, interrogar-se a respeito do que fazer com ele, como o que ele supõe que é". A preocupação metafísica emerge então com grande intensidade, e as tão frequentes crises religiosas não são um mero reflexo caprichoso do místico, como às vezes costumam aparecer aos olhos dos adultos, mas tentativas de soluções da angústia que vive o ego na sua busca de identificações positivas e do confronto com o fenômeno da morte definitiva de uma parte do seu ego corporal. Além disso, começa a enfrentar a separação definitiva dos pais e também a aceitação da possível morte dos mesmos. Isto nos explica como o adolescente pode chegar a ter tanta necessidade de fazer identificações projetivas com imagens muito idealizadas, que lhe garantam a continuidade da existência de si mesmo e de seus pais infantis. A figura de uma divindade, de qualquer tipo de religião, pode representar para ele uma saída mágica deste tipo. Se as situações de frustração são muito intensas e as vivências de perda sumamente penosas, por carência de boas relações em virtude das características das imagens parentais perseguidoras internalizadas, o refugiar-se

Adolescência Normal 41

numa atitude niilista, como uma *aparente* culminação de um processo de ateísmo reivindicatório, pode também ser uma atitude compensadora e defensiva.

Como muito bem afirma González Monclús[26]: "Entre ambos os extremos, misticismo exacerbado, ateísmo racionalista, é talvez oportuno assinalar entre os adolescentes uma frequente posição: a do entusiasmo formal em contraposição com uma indiferença frente aos valores religiosos essenciais".

O misticismo, que pode chegar a alcançar níveis delirantes, e o materialismo com características niilistas são atitudes extremas de uma forma de deslocamento ao intelectual religioso, de mudanças concretas e reais que ocorrem a nível corporal e no plano da atuação familiar-social que resultam incontroláveis nesse nível fático, frente aos quais a impotência do adolescente é sentida por este como absoluta.

Considero que na construção definitiva de uma ideologia, assim como de valores éticos ou morais, é preciso que o indivíduo passe por algumas idealizações persecutórias, que as abandone por objetos idealizados egossintônicos, para depois sofrer um processo de desidealização que possibilite construir novas e verdadeiras ideologias de vida.

5 — A DESLOCALIZAÇÃO TEMPORAL

O pensamento do adolescente, tanto frente ao temporal como ao espacial, adquire características muito especiais. Desenvolvi amplamente este assunto em outro trabalho[38]; e mencionarei aqui algumas das minhas observações e conclusões.

Do ponto de vista da conduta observável, é possível dizer que o adolescente vive com uma certa deslocalização temporal; converte o tempo em presente e ativo, numa tentativa de manejá-lo. Enquanto a sua expressão de conduta o adolescente pareceria viver em processo primário com respeito ao temporal. As urgências são enormes e, às vezes, as postergações são aparentemente irracionais.

Observamos aqui essas condutas que desconcertam o adulto. O pai que recrimina o seu filho para que estude porque tem um exame imediato fica desconcertado frente à resposta do adolescente: "Eu tenho tempo! O exame é somente amanhã!". É o caso, igualmente desconcertante para os adultos, da jovem adolescente que chora angustiada frente a seu pai, queixando-se da atitude desconsiderada da mãe que não contempla as suas necessidades *imediatas* de ter esse vestido novo para seu próximo baile. Nessas circunstâncias o pai tenta solidarizar-se com a urgência de sua filha e compreende a necessidade do vestido novo para essa reunião social tão importante para ela; quando interroga a mãe a respeito do porquê da sua negativa, fica surpreso com a resposta de que esse baile vai se realizar dentro de... três meses.

Na realidade, este problema deve ser estudado, psicodinamicamente, desde a perspectiva que nos oferece o analisar a paulatina elaboração das partes não discriminadas da personalidade à medida que o sujeito vai amadurecendo. O indivíduo se inicia como ser unicelular absolutamente dependente de um meio (mãe) e se desenvolve e diferencia progressivamente. Vai da indiferenciação mais primitiva à discriminação[38], que, como já repeti, se dá num meio social com características determinadas.

Seguindo as ideias de Bion[10] e de Bleger[11], a respeito da chamada parte psicótica da personalidade, considero que ao desfazer-se o equilíbrio alcançado na latência predomina por alguns momentos, no adolescente, precisamente a parte psicótica da personalidade.

Com esse critério, é possível considerar que a adolescência se caracteriza pela irrupção de partes indiscriminadas, fundidas, da personalidade naquelas outras mais diferenciadas.

As modificações biológicas e o crescimento corporal, incontroláveis, são vividos como um fenômeno psicótico e psicotizante no corpo. As ansiedades psicóticas resultam incrementadas pela possibilidade real de realizar as fantasias edipianas de ter um filho com o genitor do sexo oposto. O corpo se transforma, pois, numa área na qual confluem exigências biológicas e sociais e se faz assim depositário de vivências e fantasias persecutórias terroríficas, de caráter psicótico.

Predomina uma organização sincrética com uma particular percepção do mundo, uma realidade especial onde o sujeito não pode chegar a configurar contradições.

Muitos dos eventos que o adulto pode delimitar e discriminar são para o adolescente equiparáveis, equivalentes ou coexistentes sem maior dificuldade. São verdadeiras crises de ambiguidade, que podem ser consideradas como uma das expressões de conduta mais típicas do período da vida que nos ocupa. O tempo, logicamente, está então dotado dessa indiscriminação que explica a conduta que exemplificamos anteriormente.

Considero que é durante a adolescência que a dimensão temporal vai adquirindo lentamente características discriminativas.

Às dificuldades do adolescente para diferenciar externo-interno, adulto-infantil, etc., devo acrescentar a dificuldade para distinguir presente-passado-futuro. Pode-se unir "o passado e o futuro num devorador presente"[60], presente que tem características não discriminadas e que, consequentemente, implicaria uma temporalidade diferente, que quando se aplica a esta o conceito de Rascovsky[54] poderíamos falar de uma temporalidade maníaca, vinculada com o núcleo aglutinado da personalidade ou núcleo psicótico.

Adolescência Normal   **43**

Como assinalei, na dimensão temporal se expressa claramente a ambiguidade do adolescente, que está relacionada então com a irrupção da parte psicótica da personalidade. É por isso que acredito que se pode dizer que a mesma passagem do tempo, quando se vivencia, desperta culpa persecutória e pode mobilizar condutas psicóticas[25]. Não é casualidade que uma entidade nosológica *típica* da adolescência, "a síndrome de difusão de identidade"[15], inclua especialmente a difusão temporal.

Quando o indivíduo chega à adolescência, já teve oportunidade de vivenciar, parcialmente, separações, morte de objetos internos e externos, de partes do ego, e certa limitação do temporal no plano vital (fundamentalmente no corpo e na relação interpessoal-corpórea). O transcurso do tempo vai se tornando mais objetivo (conceitual), adquirindo-se noções de lapsos cronologicamente localizados. Por isso acredito que se poderia falar de um tempo existencial, que seria o tempo em si, um tempo vivencial ou experiencial e um tempo conceitual. O tempo vivencial e o conceitual podem corresponder, respectivamente, aos chamados tempo rítmico e tempo cronológico por Rolla[57].

Aceitar a perda da infância significa aceitar a morte de uma parte do ego e de seus objetos para poder localizá-los no passado. Numa elaboração patológica, este passado pode ameaçar invadir o indivíduo, aniquilando-o.

Como defesas, o adolescente *espacializa* o tempo, para poder *manejá-lo* vivendo sua relação com o mesmo como um objeto[43,56]. Com este tempo-espaço-objeto pode manejar-se de maneira fóbica ou obsessiva, convertendo as situações psicóticas em neuróticas ou psicopáticas. Quando se nega a passagem do tempo, pode-se conservar a criança dentro do adolescente como um objeto morto-vivo. Isto está relacionado com o *sentimento de solidão* tão típico dos adolescentes, que apresentam esses períodos em que se encerram em seus quartos, isolam-se e retraem-se. Estes momentos de solidão costumam ser necessários para que *fora* possa ficar o tempo passado, o futuro e o presente, convertidos assim em objetos manejáveis. A verdadeira capacidade de estar só é um sinal de maturidade que somente se consegue depois destas experiências de solidão, às vezes angustiantes, da adolescência.

Enquanto isso ocorre, a noção temporal do adolescente é de características fundamentalmente corporais ou rítmicas, ou seja, baseadas no tempo de comer, no de defecar, no de brincar, no de dormir, no de estudar, etc. É esse que denomino tempo vivencial ou experimental.

À medida que vão se elaborando os lutos típicos da adolescência, a dimensão temporal adquire outras características. É aqui que surge a *conceituação* do tempo, que implica a noção discriminada de passado, presente e futuro, com a aceitação da morte dos pais e a perda definitiva do seu vínculo com eles, e a própria morte.

As primeiras tentativas discriminativas temporais se efetuam a nível corporal; por exemplo, o adolescente afirma, referindo-se ao seu passado: "quando era pequeno", referindo-se ao seu futuro: "quando for grande"; ("fiz", "poderei fazer").

Nos momentos de autismo e de paralisação, assim como em alguns dos de atuação, o adolescente tende a fazer uma regressão a etapas prévias à discriminação e aceitação temporal. Nessas ocasiões pode haver condutas de *agitação* ou *atuação*[60] e procura defender-se assim da vivência do transcorrer do tempo. Manter-se unicamente no tempo experimental é uma forma de tentar paralisar o tempo e as mudanças, recusar uma perspectiva presente e um passado e um futuro.

Se no passado do adolescente houve uma evolução e experiências positivas, incorporando objetos bons, a integração e a discriminação temporal ver-se-ão facilitadas e o futuro conterá a identificação projetiva de um passado gratificante. O adolescente terá então condutas cada vez mais depressivas, menos ambíguas.

Desta maneira considero que a percepção e a discriminação do temporal seria uma das *tarefas* mais importantes da adolescência, vinculada com a elaboração dos lutos típicos dessa idade. Isto é o que acho que permite sair da modalidade de relação narcisista do adolescente e da ambiguidade que caracterizam a sua conduta. Quando este pode reconhecer um passado e formular *projetos* de futuro com capacidade de *espera e elaboração* no presente, supera grande parte da problemática da adolescência[38].

É por isso que concordo com Mom[47] quando assinala que em toda a análise tem que se prestar especial atenção à busca do tempo, já que a dissociação e a distância são elementos que existem em função da anulação do tempo. Diz este autor que "o *tempo* une, integra numa unidade, condiciona uma relação objetal com um único objeto". Ou seja, poder conceituar o tempo, vivenciá-lo como nexo de união, é o essencial, subjacente à integração da identidade.

Daí que considere que a busca da identidade adulta do adolescente esteja estreitamente vinculada com a sua capacidade de conceituar o tempo.

6 — A EVOLUÇÃO SEXUAL DESDE O AUTOEROTISMO ATÉ A HETEROSSEXUALIDADE

Na evolução do autoerotismo à heterossexualidade que se observa no adolescente, pode-se descrever um oscilar permanente entre a atividade de caráter masturbatório e os começos do exercício genital, que tem características especiais nesta fase do desenvolvimento, onde há mais um contato genital de caráter exploratório e preparatório do que a verdadeira

Adolescência Normal 45

genitalidade procriativa, que só acontece com a correspondente capacidade de assumir o papel paternal no início da vida adulta.

Ao ir aceitando sua genitalidade, o adolescente inicia a busca do parceiro de maneira tímida, mas intensa. É o período em que começam os contatos superficiais, os carinhos — cada vez mais profundos e mais íntimos — que enchem a vida sexual do adolescente.

Calcula-se que dos 13 aos 20 anos 88% dos rapazes e 91% das moças já tiveram este tipo de atividade sexual e que praticamente aos 21 anos 100% dos rapazes já tiveram essa experiência[55].

O amor apaixonado é também um fenômeno que adquire características singulares na adolescência e que apresenta todo o aspecto dos vínculos intensos, porém frágeis, da relação interpessoal adolescente. O primeiro episódio de amor ocorre na adolescência precoce e costuma ser de grande intensidade. Aparece aí o chamado "amor à primeira vista", que não só pode não ser correspondido, mas que inclusive pode ser totalmente ignorado pela pessoa amada[27], como ocorre quando esse ser amado é uma figura idealizada, um ator de cinema, uma estrela do esporte, etc., que tem na realidade as características de um claro substituto parental ao qual o adolescente se vincula com fantasias edípicas.

A relação genital heterossexual completa que ocorre na adolescência tardia é um fenômeno muito mais frequente do que se considera habitualmente no mundo dos adultos de diferentes classes sociais. Estes tentam negar a genitalidade do adolescente e não só minimizam sua capacidade de relação genital heterossexual, mas, ainda, dificultam-na.

Calcula-se que 40 a 60% dos adolescentes realizam o ato sexual completo, de características genitais[55], que, considero, tem mais um caráter exploratório, de aprendizagem da genitalidade, do que um verdadeiro exercício genital adulto de tipo procriativo, com as responsabilidades e prazeres concomitantes.

Freud[22] estabeleceu a importância das mudanças puberais para a reinstalação fática da capacidade genital do sujeito. Assinalou, também, que as mudanças biológicas da puberdade são as que impõem a maturidade sexual ao indivíduo, intensificando-se então todos os processos psicobiológicos que se vivem nesta idade. É importante destacar que Freud tinha falado de genitalidade na infância. Ao elaborar o luto pelo corpo infantil perdido, que também significa a elaboração do luto pelo sexo oposto perdido neste processo evolutivo, a aceitação da genitalidade surge com força na adolescência, imposta pela presença difícil de negar da menstruação ou do aparecimento do sêmen. Ambas as funções fisiológicas que amadurecem neste período da vida impõem ao papel genital a procriação e a definição sexual correspondente.

A dentição marca o fim do vínculo oral com a mãe. O modelo de vínculo oral é o que se vai tentar restabelecer na segunda metade do primeiro ano de vida, quando aparece a fase genital prévia de Arminda Aberastury[3,4,5]. Seguindo as ideias desta investigadora, é possível ver como aparece aqui a necessidade do terceiro e a estruturação do complexo de Édipo precoce, que tem então características genitais e não orais. É neste momento que ocorre o descobrimento e a manipulação dos órgãos genitais e as fantasias do estabelecimento de um vínculo num nível genital. Estas fantasias de vínculo genital acontecem com as características do *penetrante* para o masculino e do *penetrado* para o feminino. É mister destacar que o vínculo deve restabelecer-se, portanto, no nível dessas funções e, consequentemente, tanto para o homem como para a mulher, as primeiras fantasias de recuperação do vínculo originariamente perdido podem fazer-se quando se estabelecem sobre um *modelo genital,* utilizando então os órgãos genitais, não como instrumentos sádicos — como implicaria o seguir mantendo o vínculo oral depois do aparecimento da dentição —, mas como uma possibilidade de vínculo afetivo e, portanto, factível de ser mantido.

São então as fantasias de penetrar ou de ser penetrado o modelo de vínculo que vai se manter durante toda a vida posterior do sujeito, como expressão do masculino e do feminino. Para isso, as figuras da mãe e do pai são fundamentais e essenciais. A ausência ou déficit da figura do pai vai ser a que determinará a fixação na mãe e, consequentemente, vai ser também a origem da homossexualidade, tanto do homem como da mulher.

As possibilidades da elaboração satisfatória no lactente da fase genital prévia são factíveis, se este pode se masturbar de maneira não compulsiva, quando se identifica projetivamente com os pais em coito positivo e amoroso, e se pode realizar atividades lúdicas[3,4].

É mister destacar que esta fase genital prévia e sua elaboração fica incluída entre as fases pré-genitais, e vai se repetir depois no período fálico clássico, aos 4 ou 5 anos. Também aqui, e seguindo o critério clássico freudiano das séries complementares, é preciso reconhecer que a conduta dos pais frente à fase genital prévia e a toda a genitalidade infantil influirá de maneira determinante na evolução genital do indivíduo.

Isto é precisamente o que vemos na adolescência, onde a possível instrumentação da genitalidade, com significados adultos, aguça outra vez a fantasia e a experiência passada até então. Assim podemos ver o fenômeno da evolução do autoerotismo à heterossexualidade (masturbação primeiro, como fase genital prévia; atividade lúdica que leva à aprendizagem — que é a aprendizagem lúdica do outro sexo através do tocar, bailes, jogos, esportes — o que constitui também uma forma de exploração).

Temos aqui também o problema da *curiosidade sexual,* expressa no interesse pelas revistas pornográficas, tão frequente entre os adolescentes. O exibicionismo e o voyeurismo se manifestam na vestimenta, no cabelo, no tipo de danças, etc.

Neste período evolutivo a importância das figuras parentais reais é enorme. A cena primária é positiva ou negativa conforme as primeiras experiências e a imagem psicológica que proporcionam os pais reais externos.

As mudanças biológicas que têm lugar na adolescência produzem grande ansiedade e preocupação, porque o adolescente deve assistir passiva e impotentemente às mesmas. A tentativa de negar a perda do corpo e do papel infantil, especialmente, provoca modificações no esquema corporal que se tenta negar na elaboração dos processos de luto normais da adolescência.

Anna Freud assinalou que a genitalidade determina modificações do ego, que se vê em graves conflitos com o id, obrigando-o a recorrer a novos e mais específicos mecanismos de defesa[21]. Melanie Klein[28] afirma que o ressurgimento da libido, que segue à latência, reforça as demandas do id, ao mesmo tempo que as exigências do superego se incrementam. O compromisso então não só engloba ao ego e ao id, mas faz intervir o superego muito ativamente. Se considerarmos que na configuração do superego, desde o primeiro momento, intervêm os pais, são estas lutas com as figuras parentais, mediante os processos de identificação com as mesmas, as que vão levar à cristalização final da identidade adolescente, preparando-a para ser uma identidade adulta.

Assim como durante a fase genital prévia se estabelece o triângulo edípico, na adolescência este se reativa com toda a intensidade, porque como a instrumentação da genitalidade se faz factível, o indivíduo se vê obrigado a recorrer a mecanismos de defesa mais persistentes e enérgicos.

Não sendo assim, a *consumação do incesto* seria possível. Esta seria a realização atualizada da genitalidade precoce, com a perda absoluta da fonte de identificação sexual definitiva adulta. O indivíduo que realizasse o incesto teria um impedimento no processo de *individualização,* já que permaneceria mantido numa relação genital precoce, sem possibilidades de definição sexual real. (A figura parental que permitiria o incesto atuaria sobre a fantasia de impedir o desprendimento do filho.) Isso levaria a manter através da consumação incestuosa uma realização simbiótica que, de acordo com o que estudei com Arminda Aberastury, poderia constituir a base da homossexualidade tanto do homem como da mulher.

É durante a adolescência, e como aspectos da elaboração edípica, que se podem ver aspectos de conduta femininos no rapaz e masculinos na moça, que são as expressões de uma bissexualidade não resolvida.

Ao elaborar-se o complexo de Édipo, no rapaz aparecem idealizações do pai, que adquire então as características de um ser bom e poderoso que possibilita visualizar os sentimentos que o adolescente tem em relação a seu pai real e que vai poder manejar na relação adulta com o mesmo. Pode identificar-se então com os aspectos positivos do pai, superar o temor à castração por meio de realizações e conquistas diversas, completar seus estudos ou sua aprendizagem do trabalho, aceitar seus progressos, que são os que lhe mostrarão que é realmente o mesmo, o próprio adolescente, o que também tem potência e capacidade criativa.

Na moça acontece algo similar, já que ao elaborar sua situação edípica pode aceitar a beleza de seus atributos femininos e também realizar-se no trabalho ou no estudo de uma maneira completamente feminina, aceitando que seu corpo não foi destruído nem esvaziado, podendo então identificar-se com os aspectos positivos de sua mãe.

Há, logicamente, um fenômeno específico da mulher, que é o da menarca, vivido na nossa cultura como algo perigoso, daninho, e que reforça todo o tipo de fantasias persecutórias e destrutivas[28,41,42]. Devo destacar, entretanto, que este tipo de situação não é a que fatalmente acontece *sempre,* ainda que logicamente, numa grande proporção de moças de nossa cultura, é possível observá-lo. Quando as fases genitais precoces e a sexualidade em geral são mais aceitas pelos pais, e quando estes mantêm uma relação harmoniosa, proporcionando então uma imagem externa de cena primária positiva, o aparecimento da menstruação pode ser vivido como uma confirmação da sexualidade feminina e iniciar então, na moça, uma verdadeira etapa de satisfações e realizações genitais muito positivas.

É normal que, na adolescência, apareçam períodos de predomínio de aspectos femininos no rapaz e masculinos na moça. É preciso ter sempre presente o conceito de bissexualidade e aceitar que a posição heterossexual adulta exige um processo de flutuações e aprendizagem em ambos os papéis.

É preciso levar em consideração que o exercício genital procriativo sem assumir a responsabilidade consequente não é um índice de maturidade genital, mas sim de sérias perturbações neste nível. Portanto, não se pode aceitar como uma *conquista genital* o fato de que um adolescente em tratamento psicoterápico ou psicanalítico tenha estabelecido uma relação de namoro ou iniciado contatos genitais procriativos. Pude observar matrimônios consumados por adolescentes, ou por pessoas jovens com características francamente adolescentes, que demonstram uma total incapacidade para assumir os papéis adultos correspondentes e que, portanto, estiveram condenados a um fracasso irremediável.

Spiegel[63] assinalou que a sexualidade parece agir como uma força que irrompe *sobre* ou *no* indivíduo ao invés de ser vivido por este como uma expressão de si mesmo. É que a sexualidade é vivida pelo adolescente como uma força que se impõe em seu corpo e que o obriga a separá-lo de sua personalidade mediante um mecanismo esquizoide por meio do qual o corpo é algo externo e alheio a si mesmo. Observei adolescentes que nos falam de suas relações sexuais como de algo necessário, não para eles, mas para seu pênis ou para sua vagina, ou para sua *saúde corporal*. E é aqui quando recorrem, na realidade, a uma verdadeira negação de sua genitalidade. É então que, ao tentar recuperar maniacamente a bissexualidade perdida, têm que optar pela masturbação. Esta é fundamentalmente, então, uma tentativa maníaca de manter a bissexualidade, que, às vezes, se exterioriza pela prática homossexual.

Calcula-se que aproximadamente 3% das moças e 27% dos rapazes em idade adolescente chegam a ter orgasmo como resultado de contatos homossexuais, geralmente de caráter masturbatório[49]. É preciso destacar com Fenichel[19] que as experiências homossexuais ocasionais entre adolescentes não devem ser consideradas patológicas, desde que tenham esse aspecto de fenômeno temporário de adaptação e não se cristalizem como condutas definitivas.

De acordo com a minha experiência, na busca de definição genital, o adolescente costuma passar por períodos de homossexualidade, que podem ser a expressão de uma projeção da bissexualidade perdida e desejada, em outro indivíduo do mesmo sexo. Desta maneira poderia o adolescente, na sua fantasia, recuperar o sexo que está se perdendo em seu processo de identificação genital.

Não devem, pois, assustar a ninguém as situações fugazes de homossexualidade que o adolescente apresente, e, sobretudo, aquelas que aparecem mascaradas através de contatos entre adolescentes do mesmo sexo, saídas, bailes, etc.

Desejo enfatizar que, como assinalei antes, a falta da figura paterna faz com que tanto o rapaz como a moça fiquem fixados à mãe. O rapaz, ao não ter uma figura masculina com quem se identificar por déficit ou ausência da figura paterna, tentará procurar essa figura toda a sua vida (busca do pênis que dá potência e masculinidade). A moça fica fixada à relação oral com a mãe e no contato pele a pele, reprimindo e negando as possibilidades de uma relação com um pênis, pela inexistência do mesmo em suas relações objetais precoces.

Seguindo então ideias elaboradas com Arminda Aberastury posso dizer que a raiz da homossexualidade — que costuma se dar transitoriamente como uma manifestação típica da adolescência — é preciso buscá-la na circunstância de que o pai não assume seus papéis ou está ausente. Então, tanto o rapaz como a moça vão à homossexualidade, porque ambos

50 Arminda Aberastury • Mauricio Knobel

ficam assim obrigados a manter a bissexualidade como defesa frente ao incesto.

Tanto nesta homossexualidade normal e transitória, como na atividade genital prévia e a genital preparatória para a genitalidade procriativa, o processo masturbatório está presente desde a infância precoce até a adolescência avançada.

A atividade masturbatória na primeira infância tem uma finalidade exploratória e preparatória para a futura aceitação da genitalidade[6].

Estas experiências de exploração, que têm por finalidade encontrar órgãos capazes de reproduzir a relação perdida com a mãe, vão configurando no esquema corporal a imagem do aparelho genital. Levarão o bebê ao juízo real de que seu corpo dispõe de *apenas um* dos termos dessa relação perdida: a moça encontra a vagina e o rapaz o pênis. Quando a moça ou o rapaz se masturbam reconstroem com uma parte de seu próprio corpo o sexo que não têm. Com a bipedestação, o caminhar e a linguagem, a criança tem novas fontes de satisfação e suas relações com o mundo se ampliam[1]. A atividade masturbatória diminui então, e a atividade lúdica e as múltiplas sublimações que surgem nessa idade tornam-se cada vez mais crescentes.

A atividade masturbatória com as características de negação maníaca se mantêm nos diferentes períodos da vida, antes de chegar à vida adulta.

Pude observar que, além das fantasias da cena primária que foram descritas como típicas na masturbação, também existe uma verdadeira dissociação mente-corpo, na qual o indivíduo aparece como espectador de uma cena primária que está se realizando no seu próprio corpo. Crianças e adolescentes costumam associar com a narração de suas experiências masturbatórias cenas onde o coito dos pais está sendo visualizado por eles.

De acordo com o que estou expondo, a masturbação é primeiro uma experiência lúdica na qual as fantasias edípicas são manejadas solitariamente, tentando descarregar a agressividade misturada com erotismo através da mesma, e aceitando a condição de terceiro excluído. É, além da tentativa maníaca de negar a perda da bissexualidade, parte do processo de luto normal da adolescência. O lúdico e preparatório da infância e da latência modifica-se na puberdade e na adolescência. Aqui, a maturidade genital, ao dar ao indivíduo a capacidade de união num nível genital, e ao outorgar-lhe sua capacidade procriativa, faz com que as fantasias incestuosas se incrementem igual à frustração, posto que o indivíduo já possui o instrumento executor da genitalidade, o qual, entretanto, ainda não pode usar (por restrições socioculturais). É esse um dos motivos pelo qual as

Adolescência Normal   51

fantasias masturbatórias na puberdade são muito mais destrutivas e carregadas de culpa[6] do que na infância.

É que frente à definição da necessidade da satisfação genital se reativa e intensifica a atividade masturbatória iniciada na infância precoce, como uma tentativa desesperada de manter o sujeito na bissexualidade. A intensidade do conflito criado pela metamorfose corporal e o incremento da genitalidade explica a intensidade dessa atitude e suas características mais angustiosas na adolescência.

Mas a masturbação tem também aqui a finalidade exploratória, de aprendizagem e preparatória para a futura genitalidade procriativa.

É possível resumir o exposto dizendo que a masturbação, como fenômeno normal da adolescência, permite ao indivíduo nesta etapa da vida passar pela etapa esquizoparanóide de sua personalidade, considerar seus órgãos genitais como alheios a si mesmo, tentar recuperá-los e integrá-los e, finalmente, realizar o processo depressivo através de uma angústia, primeiro persecutória e logo depressiva, e integrar seus órgãos genitais a todo o conceito de si mesmo, formando realmente uma identidade genital adulta com capacidade procriativa, independência real e capacidade de formar um par estável em seu próprio espaço e em seu próprio mundo.

Ou seja, o indivíduo terá chegado à genitalidade procriativa.

Neste sentido, e seguindo parcialmente as ideias de Erikson[15], é possível definir a genitalidade adulta como o exercício pleno da capacidade libidinal de um indivíduo, mediante a colocação em jogo dos elementos remanescentes de todas as etapas de amadurecimento psicossexual, com a culminação no nível genital com outro indivíduo do sexo oposto e com a aceitação implícita da capacidade de procriar, sempre que as condições socioeconômicas da realidade externa o permitam, integrando assim uma constelação familiar com os papéis adultos correspondentes[30].

7 — ATITUDE SOCIAL REIVINDICATÓRIA

Referi-me parcialmente a isto quando falei do fenômeno grupal. Há, logicamente, muitas outras características destas atitudes combativas e reivindicatórias do adolescente às quais fiz reiteradas referências e que logicamente precisariam ser estudadas com mais detalhes[30,36,37]. É importante destacar que foi precisamente um fenômeno social, o desenvolvimento da delinquência juvenil nos Estados Unidos da América do Norte, que influiu enormemente para que se fizessem estudos extensos e prolixos a respeito da adolescência[14].

Nem todo o processo da adolescência depende do próprio adolescente, como uma unidade isolada num mundo que não existira. Não há dúvidas de que a constelação familiar é a primeira expressão da sociedade que influi e determina grande parte da conduta dos adolescentes.

A mesma situação edípica que vivem os adolescentes, vivem os próprios genitores do mesmo. O aparecimento da instrumentação da genitalidade, como uma realidade concreta na vida do adolescente, também é percebida pelos pais deste. Sabe-se que muitos pais se angustiam e atemorizam frente ao crescimento de seus filhos, revivendo suas próprias situações edípicas conflitivas. Os pais não são alheios às ansiedades que desperta a genitalidade dos filhos, o desprendimento dos mesmos e também os ciúmes que isto implica.

Assim se provoca o que Stone e Church[64] denominaram adequadamente a situação de *ambivalência dual,* já que a mesma situação ambivalente que apresentam os filhos separando-se dos pais, apresentam estes ao ver que aqueles se afastam. Se a isso unimos os mecanismos projetivos e esquizoparanoides típicos do adolescente e a reação da sociedade na qual o adolescente vive, podemos ver que é toda a sociedade que intervém muito ativamente na situação conflitiva do adolescente.

Seria, sem dúvida, uma grave supersimplificação do problema da adolescência atribuir todas as características do adolescente à sua mudança psicobiológica, como se realmente tudo isto não estivesse ocorrendo num âmbito social. As primeiras identificações são as que se fazem com as figuras parentais, mas não há dúvidas de que o meio em que vive determinará novas possibilidades de identificação, futuras aceitações de identificações parciais e incorporação de uma grande quantidade de pautas socioculturais e econômicas que não é possível minimizar. A posterior aceitação da identidade está forçosamente determinada por um condicionamento entre indivíduo e meio que é preciso reconhecer.

Acredito, juntamente com outros autores, que há bases comuns a todas as sociedades que estão determinadas pela própria condição humana e pelos conflitos naturais dos indivíduos humanos. Na tentativa vital que apresenta o indivíduo para identificar-se com suas figuras parentais, e tentar depois superá-las na realidade da sua existência, o adolescente apresenta uma conduta que é o resultado final de uma estabilidade biológica e psíquica, da urgência dos dispositivos mutáveis de relação objetal e da vitalidade dos conflitos inconscientes. Estes últimos estão moldados sobre a sociedade na qual o indivíduo vive[48]. A cultura modifica enormemente as características exteriores do processo, ainda que as dinâmicas intrínsecas do ser humano sigam sendo as mesmas. Acredito que os estudos antropológicos mostram variedades de manifestações de vida em comum do ser humano, que logicamente, na adolescência, marcam-se como características salientes, mas que de nenhuma maneira implicam uma negação das características básicas e fundamentais que são as que se podem descrever

Adolescência Normal   **53**

no adolescente. O aqui descrito como básico psicodinâmico-biológico do indivíduo se exterioriza de diferentes maneiras, de acordo com os padrões culturais. Conforme o meu pensamento, compreender os padrões culturais pode ser de inestimável importância para determinar certas pautas exteriores de manejo da adolescência, mas compreender a adolescência em si mesma é essencial para que estas pautas culturais possam ser modificadas e utilizadas adequadamente quando o adolescente claudica na patologia. A adolescência é recebida predominantemente de maneira hostil pelo mundo dos adultos, em virtude das situações conflitivas edípicas às quais já fiz referência. Criam-se *estereótipos*[7], com os quais se tenta definir, caracterizar, assinalar, ainda que realmente, acredito eu, se procure isolar fobicamente os adolescentes do mundo dos adultos.

Não é uma simples casualidade que a entrada na puberdade seja tão destacada em quase todas as culturas. Os chamados *ritos de iniciação* são muito diversos, mas têm fundamentalmente sempre a mesma base: a rivalidade que os pais do mesmo sexo sentem ao ter que aceitar como iguais — e posteriormente inclusive admitir a possibilidade de serem substituídos pelos mesmos — a seus filhos, que assim se identificam com eles[48]. A sociedade é a que se encarrega do conflito edípico e tende a impor a sua solução, às vezes de uma maneira muito cruel, o que já reflete essa situação de ambivalência dual à qual me referi e ao antagonismo que os pais sentem com relação a seus filhos.

Não acredito que este seja um simples fenômeno de estudo antropológico que possa refletir uma curiosidade histórica com referência a culturas primitivas.

Nossa própria sociedade pode ser tão cruel como a menos civilizada das culturas arcaicas que conhecemos. É muito conhecida a rigidez de alguns pais, as formalidades que exigem da conduta de seus filhos adolescentes, as limitações brutais que costumam impor, a ocultação maliciosa que fazem do aparecimento da sexualidade, o tabu da menarca, as negações de tipo *moralista* que contribuem para reforçar as ansiedades paranoicas dos adolescentes.

Também é conhecida a contradição de nossa sociedade contemporânea, onde as possibilidades materiais para o ser humano são enormes, especialmente nos chamados países de afluência, e onde, entretanto, tudo se torna praticamente impossível para o adolescente. Podemos nos sentar em frente ao vídeo de uma televisão em nosso próprio lar e ver o que acontece nos países mais afastados e nas sociedades mais desconhecidas. Podemos assim reconhecer a falácia de nossos costumes e podemos tentar modificá-los.

O fenômeno da subcultura adolescente se expande e se contagia como um sinal de *rebelião.* Na realidade, acredito que se trata de identificações cruzadas e massivas, que ocorrem como uma necessidade de defesa egoica neste período da vida, mediante a qual o indivíduo vai se desprendendo de situações infantis e vendo, ao mesmo tempo, como é perigosa e indefinida a sua entrada no mundo dos adultos.

A atitude social reivindicatória do adolescente torna-se praticamente imprescindível.

A sociedade, mesmo manejada de diferentes maneiras e com diferentes critérios socioeconômicos, impõe restrições à vida do adolescente. O adolescente, com a sua força, com a sua atividade, com a força reestruturadora da sua personalidade, tenta modificar a sociedade que, por outra parte, está vivendo constantemente modificações intensas. Tendo consciência da alteração que significa o que afirmo, é possível dizer que se cria um mal-estar de caráter paranoide no mundo adulto, que se sente ameaçado pelos jovens que vão ocupar esse lugar e que, portanto, são reativamente deslocados. O adulto projeta no jovem a sua própria incapacidade em controlar o que está acontecendo sociopoliticamente ao seu redor e tenta, então, deslocalizar o adolescente. Vemos que, muitas vezes, as oportunidades para os adolescentes capazes estão muito restringidas e em não poucas oportunidades o adolescente tem que se adaptar, submetendo-se às necessidades que o mundo adulto lhe impõe. Pareceria que, às vezes, como diz Sullivan[65], o adolescente tivesse que descobrir que só pode progredir no comércio ou na indústria mediante uma paciente e sistemática adaptação aos ditames dos débeis mentais, e mostra como o triunfo da mediocridade e da estupidez humana proporciona um certo grau de *comodidade* cuja única saída é, às vezes, encontrada nas façanhas *heroicas* do crime e da delinquência.

Na medida em que o adolescente não encontre o caminho adequado para a sua expressão vital e para a aceitação de uma possibilidade de realização, não poderá jamais ser um adulto satisfeito. A tecnificação da sociedade, o domínio de um mundo adulto incompreensível e exigente, a burocratização das possibilidades de emprego, as exigências de uma industrialização mal canalizada e uma economia mal dirigida criam uma divisão de classes absurda e ilógica que o indivíduo tenta superar mediante crises violentas, que podem se *comparar* a verdadeiras atitudes de caráter psicopático da adolescência (aqui me refiro especificamente a um mecanismo útil pelo inevitável). Muitas outras vezes, frente a estas vicissitudes, a reação da adolescência, ainda que violenta, pode adotar a forma de uma reestruturação egoica revolucionária, que conduz a uma liberação desse superego social cruel e limitador. É então a parte sadia da sociedade que se refugia no baluarte de uma adolescência ativa, que canaliza as reivindicações lógicas que a própria sociedade precisa para um futuro melhor.

Como psicanalista, penso que, para poder compreender algumas destas mudanças devemos levar em consideração as dinâmicas psicológicas, que estão determinadas não somente pelas realidades socioeconômicas do mundo em que vivemos, mas também pelas necessidades psicológicas de uma adolescência que se prolonga no que antes era uma vida adulta serena, e que hoje não pode ser mais do que uma inquietude, uma instabilidade, uma sensação de fracasso que se deve tentar superar de qualquer maneira e a qualquer preço.

A juventude revolucionária do mundo, e a nossa especialmente, tem em si o sentimento místico da necessidade da mudança social. O que se pode explicar como o manejo onipotente do mundo que precisa lucubrar o adolescente como compensação, encontra na realidade social frustrante uma imagem espetacular do seu superego cruel e restritivo. As partes sadias do seu ego se põem a serviço de um ideal que permite modificar estas estruturas sociais coletivas e surgem assim grandes movimentos de conteúdo valioso e nobre para o futuro da humanidade. O perigo reside em que, mediante o mesmo mecanismo, podem-se canalizar certos jovens para empresas e aventuras destrutivas, perniciosas e patologicamente reivindicatórias.

Ou seja, as atitudes reivindicatórias e de reforma social do adolescente podem ser a cristalização na ação do que já ocorreu no seu pensamento. As intelectualizações, fantasias conscientes, necessidades do ego flutuante que se reforça no ego grupal, fazem com que se transformem em pensamento ativo, em verdadeira ação social, política, cultural, esta elaboração do processo da adolescência que considero tão fundamental em todo o desenvolvimento evolutivo do indivíduo.

Frente ao adolescente individual, é preciso não esquecer que grande parte da oposição que se vive por parte dos pais é transferida ao campo social. Além disso, grande parte da frustração que significa fazer o luto pelos pais da infância projeta-se no mundo externo. Desta maneira, o adolescente sente que não é ele quem muda, quem abandona o seu corpo e o seu papel infantil, mas que são os seus pais e a sociedade os que se negam a seguir funcionando como pais infantis que têm com ele atitudes de cuidado e proteção ilimitados. Descarrega então contra eles o seu ódio e a sua inveja e desenvolve atitudes destrutivas. Se puder elaborar bem os lutos correspondentes e reconhecer a sensação de fracasso, poderá introduzir-se no mundo dos adultos com ideias reconstrutivas, modificadoras, num sentido positivo da realidade social e tendentes a que, quando exerça a sua identidade adulta, possa se encontrar num mundo realmente melhor. Insisto que quando falo de adaptação, aceitação ou reconhecimento não me refiro ao *submetimento,* mas à inteligente possibilidade de uma relação objetal não masoquista.

8 — CONTRADIÇÕES SUCESSIVAS EM TODAS AS MANIFESTAÇÕES DA CONDUTA

A conduta do adolescente está dominada pela ação, que constitui o modo de expressão mais típico nestes momentos da vida, em que até o pensamento precisa tornar-se ação para poder ser controlado.

O adolescente não pode manter uma linha de conduta rígida, permanente e absoluta, ainda que muitas vezes o pretenda ou procure.

Spiegel[63] falou da personalidade do adolescente descrevendo-a como *esponjosa*. Logicamente é uma personalidade permeável, que recebe tudo e que também projeta enormemente, ou seja, é uma personalidade na qual os processos de projeção e introjeção são intensos, variáveis e frequentes.

Isto faz com que não possa ter uma linha de conduta determinada, o que já indicaria uma alteração da personalidade do adolescente. É por isso que falamos de uma *normal anormalidade,* de uma instabilidade permanente do adolescente. Só o adolescente mentalmente doente poderá mostrar rigidez na conduta. O psicopata, por exemplo, mostra todas as características descritas como fugazes e transitórias no adolescente, mas de uma maneira rígida, cristalizada, estável e inflexível. O neurótico obsessivo, o autista, o adolescente com difusão de personalidade, mostrar-nos-ão características estabilizadas de conduta num nível patológico.

No adolescente, um indício de normalidade se observa na fragilidade da sua organização defensiva.

É o mundo adulto quem não suporta as mudanças de conduta do adolescente, quem não aceita que o adolescente possa ter identidades ocasionais, transitórias, circunstanciais, como descrevi anteriormente, e exige dele uma identidade adulta, que logicamente não tem por que ter.

Estas contradições, com a variada utilização de defesas, facilitam a elaboração dos lutos típicos deste período da vida e caracterizam a identidade adolescente.

9 — SEPARAÇÃO PROGRESSIVA DOS PAIS

Já indiquei que um dos lutos fundamentais que o adolescente tem que elaborar é o luto pelos pais da infância. Portanto, uma das tarefas básicas concomitantes à identidade do adolescente é a de ir separando-se dos pais, o que está favorecido pelo determinismo que as mudanças biológicas impõem neste momento cronológico do indivíduo. O aparecimento da capacidade executora da genitalidade impõe a separação dos pais e reativa os aspectos genitais que tinham começado com a fase genital prévia. A intensidade e a qualidade da angústia com que se dirige à relação com os pais e a separação destes estará determinada pela forma em que se realizou e elaborou a fase genital prévia de cada indivíduo, à qual somar-se-ão, logicamente, as experiências infantis anteriores e posteriores, e a atual da própria adolescência.

O aparecimento da instrumentação da genitalidade com capacidade procriativa, como já assinalei, é percebido também pelos pais do adolescente. Muitos pais se angustiam e atemorizam frente ao crescimento de seus filhos, revivendo suas próprias situações edípicas, o que, como já indiquei, dá lugar a situações conflitivas muito complexas que é preciso levar em consideração.

Os pais não são alheios às ansiedades que despertam a genitalidade e o desprendimento real, e aos ciúmes que isto implica nos filhos e neles mesmos. A evolução da sexualidade depende, em grande parte, de como os próprios pais aceitam os conflitos e o desprendimento que os filhos, de uma maneira ou outra, podem expressar. Já me referi ao conceito de *ambivalência dual,* que é mister destacar novamente aqui, para entender o difícil processo de separação entre pais e filhos adolescentes.

Muitas vezes, os pais negam o crescimento dos filhos e os filhos vêem os pais com as características persecutórias mais acentuadas.

Isto acontece especialmente se a fase genital prévia se desenvolveu com dificuldades e as figuras dos pais combinados, a cena primária, teve e tem caracteres de indiferenciação e de persecução. Se a figura dos pais aparece com papéis bem definidos, numa união amorosa e criativa, a cena primária diminui seus aspectos persecutórios e se converte no modelo do vínculo genital que o adolescente procurará realmente.

A presença internalizada de boas imagens parentais, com papéis bem definidos, e uma cena primária amorosa e criativa, permitirá uma boa separação dos pais, um desprendimento útil, e facilitará ao adolescente a passagem à maturidade, para o exercício da genitalidade num plano adulto.

Por outro lado, figuras parentais não muito estáveis nem bem definidas em seus papéis podem aparecer ante o adolescente como desvalorizadas e obrigá-lo a procurar identificação com personalidades mais consistentes e firmes, pelo menos num sentido compensatório ou idealizado. Nestes momentos, a identificação com ídolos de diferentes tipos, cinematográficos, desportivos, etc., é muito frequente. Em certas ocasiões, podem acontecer identificações de caráter psicopático, onde por meio da identificação introjetiva e adolescente começa a viver os papéis que atribui ao personagem com o qual se identificou.

Em virtude da necessidade de negar as fantasias genitais e a possibilidade de realização edípica, os mecanismos esquizoparanoides costumam ser muito intensos. Grande parte da relação com os pais está dissociada e estes são vistos então como figuras muito más ou muito boas, o que logicamente depende fundamentalmente de como foram introjetadas estas figuras nas etapas pré-genitais, entre as quais incluímos a fase genital prévia. As identificações se fazem, então, com substitutos parentais nos quais se podem projetar cargas libidinosas, especialmente em seus aspectos idealizados, o que permite a negação da fantasia edípica subjacente. É assim como aparecem relações fantasiadas com professores, heróis reais e imaginários, companheiros mais velhos, que adquirem características parentais, e podem começar a estabelecer relações que nesse momento satisfazem mais.

A dissociação esquizoide do adolescente é um fenômeno normal e natural que é preciso aprender a reconhecer para compreender algumas das suas características. A localização social deste fenômeno pode fazer com que se entenda, com muito mais clareza, a base fundamental comum que apresenta determinada característica cultural, num certo meio geográfico e tradicional.

Só se observará uma variação externa da forma de expressão de um fenômeno básico psicológico, que é o que descrevo neste momento.

10 — CONSTANTES FLUTUAÇÕES DO HUMOR E DO ESTADO DE ÂNIMO

No meu primeiro trabalho sobre este tema[30] assinalei e enfatizei como os fenômenos de *depressão* e *luto* acompanham o processo identificatório da adolescência. Um sentimento básico de ansiedade e depressão acompanhará permanentemente, como substrato, o adolescente.

A quantidade e a qualidade da elaboração dos lutos da adolescência determinarão a maior ou menor intensidade desta expressão e destes sentimentos.

No processo de flutuações dolorosas permanentes, a realidade nem sempre satisfaz as aspirações do indivíduo, ou seja, suas necessidades instintivas básicas, ou sua modalidade específica de relação objetal em seu próprio campo dinâmico. O ego realiza tentativas de conexão prazerosa — às vezes desprazerosa —, nirvânica com o mundo, que nem sempre se consegue, e a sensação de fracasso frente a esta busca de satisfações pode ser muito intensa e obrigar o indivíduo a se refugiar em si mesmo. Eis aí o retorno a si mesmo autista[38], que é tão singular no adolescente e que pode dar origem a esse *sentimento de solidão* tão característico dessa típica situação de *frustração e desalento* e desse *aborrecimento* que "costuma ser uma característica distintiva do adolescente"[13]. O adolescente se refugia em si mesmo e no mundo interno que se foi formando durante a sua infância, preparando-se para a ação e, diferente do psicopata, do neurótico e do psicótico, elabora e reconsidera constantemente suas vivências e seus fracassos. Como exemplo típico do contrário, podemos citar o psicopata, que sente a necessidade de atuar diretamente pelo penoso que lhe é enfrentar, depressivamente, todas estas situações do seu mundo interno.

A intensidade e a frequência dos processos de introjeção e projeção podem obrigar o adolescente a realizar rápidas modificações no seu estado de ânimo, já que se vê, de repente, submerso nas desesperanças mais profundas ou, quando elabora e supera os lutos, pode projetar-se numa presunção que muitas vezes costuma ser desmedida.

As mudanças de humor são típicas da adolescência e é preciso entendê-las sobre a base dos mecanismos de projeção e de luto pela perda de objetos que já descrevi; ao falharem estas tentativas de elaboração, tais mudanças de humor podem aparecer como microcrises maníaco-depressivas.

*   *   *

Descrevi aqui a síndrome da adolescência normal. Trata-se logicamente de uma apresentação esquemática de um processo fenomenológico que permite apreciar a expressão da conduta e determinar as características da identidade e do processo adolescente. Os fenômenos subjacentes, de caráter dinâmico, interpretam-se como o motor que determina este tipo de expressão de conduta.

Destacamos que aceitar uma *normal anormalidade* do adolescente não implica situar este num quadro nosológico, mas que tem por objeto facilitar a compreensão deste período da vida, com as características que destaquei, o que configura uma manifestação que se pode objetivar na clínica. A descrição desta situação, na qual foram destacados os caracteres de *anormalidade, tem* o mesmo objeto que levou Melanie Klein a falar de fantasias psicóticas no bebê. Trata-se de localizar a personalidade com todas as suas características dinâmicas para uma melhor compreensão da mesma. As descrições idealizadas, ou os preconceitos denigratórios ou persecutórios com respeito à adolescência não ajudam nem o sociólogo, nem o educador, nem o psicólogo ou o psiquiatra a enfrentar este período da vida cujo estudo profundo, curiosamente, foi deixado um pouco de lado, se revisarmos adequadamente a literatura psiquiátrica e psicanalítica, exceto nos últimos dois ou três anos.

Poder aceitar a anormalidade habitual no adolescente, vista desde o ângulo da personalidade idealmente sadia ou da personalidade normalmente adulta, permitirá uma aproximação mais produtiva a este período da vida. Poderá determinar o *entender* o adolescente desde o ponto de vista adulto, facilitando-lhe seu processo evolutivo rumo à identidade que procura e precisa. Somente quando o mundo adulto o compreende adequadamente e *facilita* a sua tarefa evolutiva o adolescente poderá desempenhar-se correta e satisfatoriamente, gozar de sua identidade, de todas as suas situações, mesmo das que, aparentemente, têm raízes patológicas, para elaborar uma personalidade mais sadia e feliz.

Do contrário, sempre se projetarão, no adolescente, as ansiedades e a patologia do adulto e se produzirá esse colapso ou crise de confronto de gerações, que dificulta o processo evolutivo e não permite o gozo real da personalidade.

BIBLIOGRAFIA

1. Aberastury, A.: "La dentición, la marcha y el lenguaje en relación con la posición depresiva". Buenos Aires, *Revista de Psicoanálisis,* XV, 1, 2, pág. 41, 1958.
2. —. "El mundo del adolescente". Montevideo, *Revista Uruguaya de Psicoanálisis,* 3, pág. 3, 1959.
3. —. "La fase genital previa". Buenos Aires, *Revista de Psicoanálisis,* XXI, 3, págs. 203-213, 1964.
4. —. "La existencia de la organización genital en el lactante". *Revista Brasileira de Psicanálise,* I, 1, pág. 18, 1967.
5. —. "La importancia de la organización genital en la iniciación del complejo de Edipo temprano". Buenos Aires, *Revista de Psicoanálisis,* XXVII, 1, págs. 5-25, 1970.
6. —. y Knobel, M.: "La masturbación y los mecanismos maníacos". Montevideo, *Revista Uruguaya de Psicoanálisis,* VIII, 3, pág. 209, 1966.
7. Anthony, E. J.: 'The reaction of adults to adolescents and their behavior". En: G. Caplan y S. Lebovici, *Psychiatric approaches to adolescence.* Amsterdam, Excerpta Medica Foundation, 1966.
8. Ashley-Montagu, M. F.: *El desarrollo reproductivo de la mujer.* Buenos Aires, Libros Básicos, 1960.
9. Ausubel, D. P.: *Theory and problems of adolescent development.* Nova Iorque, Grune & Stratton, 1952.
10. Bion, W. R.: "Differentiation of the psychotic from the non-psychotic personalities". Londres, *International Journal of Psychoanalisis,* 38, pág. 266, 1957.
11. Bleger, J.: *Simbiosis y ambigüedad.* Estudio psicoanalítico. Buenos Aires, Paidós, 1967.
12. Bühler, Ch.: *La vida psíquica del adolescente.* Buenos Aires, Espasa Calpe Argentina, 1950.
13. Campo, A.: "El pensamiento y la culpa en la personalidad psicopática". Trabajo presentado en la Asociación Psicoanalítica Argentina, 1963.
14. Chess, S.: *Introducción a la psiquiatría infantil.* Buenos Aires, Paidós, 1967.
15. Erikson, E. H.: "The problem of ego identity". *J. Am. Psychoanal. Assn.,* 4, pág. 56, 1956.
16. —. *Infancia y sociedad.* Buenos Aires, Hormé, 1960.
17. —. *Insight and responsability.* Nova Iorque, W. W. Norton & Co. Inc., 1964.
18. —. *Identity, youth and crisis.* Nova Iorque, W. W. Norton & Co. Inc., 1968. (Existe versão em espanhol: *Identidad, juventud y crisis.* Buenos Aires, Paidós, 1970.)
19. Fenichel, O.: *Teoría psicoanalítica de las neurosis.* Buenos Aires, Nova, 1962. 20. Freud, A.: *El yo y los mecanismos de defensa.* Buenos Aires, Paidós, 1969.
21. —. "Adolescence", en R. Eissler y otros (comps.): *The psychoanalytic study of the child.* Nova Iorque, International University Press, XIII, 1958.

Adolescência Normal **61**

22. Freud, S.: "Una teoría sexual". *Obras Completas.* Madrid, Biblioteca Nueva, I, 1948.
23. Gallagher, J. R. y Harris, H. I.: *Problemas emocionales de los adolescentes.* Buenos Aires, Hormé, 1966.
24. Grinberg, L.: "El individuo frente a su identidad". Buenos Aires, *Revista de Psicoanálisis,* XVIII, pág. 344, 1961.
25. —. *Culpa y depresión.* Estudio psicoanalítico. Buenos Aires, Paidós, 1963.
26. González Monclus, E.: "Actitudes paranoides en la adolescencia". Barcelona, *Revista de Psiquiatría y Psicología Médica,* III, pág. 381, 1958.
27. Hemming, J.: *Problems of adolescent girls.* Londres, W. Heinemann Ltd., 1960.
28. Klein, M.: *El psicoanálisis de niños.* Buenos Aires, Hormé, 2ª ed., 1964.
29. —. "Envidia y gratitud", en M. Klein y otros: *Las emociones básicas del hombre.* Buenos Aires, Nova, 1960.
30. Knobel, M.: "Psicología de la adolescencia". La Plata, *Revista de la Universidad de La Plata,* 16, pág. 55, 1962.
31. —. "Psicopatología de la adolescencia", en M. Schteingart: *La adolescencia normal y sus trastornos endocrinos.* Buenos Aires, Héctor Macchi, cap. XVIII, 1964.
32. —. "La adolescencia como experiencia clínica". Quito, *Arch. Crim. Neuro-psiq. y Disc. Conexas,* XIII, 52, págs. 501-506, oct.-dic. 1965.
33. —. "On psychotherapy of adolescence". Basilea, *Acta Paedopsiquiátrica,* 33, pág. 168, 1966.
34. —. "Discusión", al Symposium sobre "Aspectos psicosociales de la juventud". Proceedings of the IV World Congress of Psychiatry, Madrid, 5-11 sept. 1966. Excerpta Medica Congress Series Nº 150.
35. —. "Psychotherapy and adolescence", en B. F. Riess (comp.): *New directions in mental health.* Nova Iorque, Grune & Stratton, I, 1968.
36. —. "Youth in Argentina", en J. H. Masserman (comp.): *A transcultural psychiatric approach.* Nova Iorque, Grune & Stratton, 1969.
37. —. "La adolescencia y su psicopatología social". Buenos Aires, *Revista de Medicina Psicosomática Argentina,* VI, 14, págs. 29-47, 1969.
38. —. "Un enfoque sobre la temporalidad en el psicoanálisis de la adolescencia". Trabajo presentado a la Asociación Psicoanalítica Argentina, 1969.
39. —. "Psicofarmacología y esquema corporal en la infancia". Buenos Aires, *Revista de la Sociedad Argentina de Psicofarmacología,* III, 4, págs. 13-21, 1970.
40. —. y otros: "Actitudes morales y sociales en adolescentes". *Revista Interamericana de Psicología,* I, 7, 1967.
41. —. y Scaziga, B.: "Actitudes de preadolescentes acerca de la menstruación". La Plata, *Revista de Psicología,* 2, págs. 75-79, 1965.
42. Langer, M.: *Maternidad y sexo. Buenos* Aires, Paidós, 1964.
43. Liberman, D.: "Acerca de la percepción del tiempo". Buenos Aires, *Revista de Psicoanálisis,* XII, 3, pág. 370, 1955.
44. Meltzer, D.: "El conflicto interno de la identidad en el adolescente". Conferencia preparada para la Asociación de Psicoterapeutas de Niños. Estudio de fin de semana anual. Londres, 8 de marzo de 1963.
45. Merloo, J. A. M.: "Responsability and normality". *Arch. Crim. Psychodynamics,* 4, pág. 671, 1961.
46. Mira y López, E.: *Psicología evolutiva del niño y del adolescente.* Buenos Aires, El Ateneo, 59 ed., 1951.
47. Mom, J. M.: "Aspectos teóricos y técnicos en las fobias y en las modalidades fóbicas". Buenos Aires, *Rev. de Psicoanál.,* XVII, 2, pág. 190, 1960.

48. Muensterberger, W.: "The Adolescent in Society", en Lorand y Scheer (comps.): *Adolescence*. Nova Iorque, Paul B. Hoeber Inc., 1961.
49. Mussen, P. H. y Conger, J. J.: *Child development and personality*. Nova Iorque, Harper & Brothers, 1956.
50. Muuss, R. E.: *Teorías de la adolescencia*. Buenos Aires, Paidós, 1966.
51. Nixon, R. E.: "An approach to the dynamics and growth in adolescence". *Psychiatry*, 24, pág. 18, 1961.
52. Pastrana, H.: Comunicación personal, 1969.
53. Ponce, A.: *Ambición y angustia de los adolescentes*. Buenos Aires, J. H. Matera, 1960.
54. Rascovsky, A. y otros: *El psiquismo fetal*. Buenos Aires, Paidós, 1962.
55. Reevy, W. A.: "Adolescent sexuality", en A. Ellis y A. Abarbanel: *The encyclopedia of sexual behavior*. Nova Iorque, Hawthron Books Inc., I, 1961.
56. Rolla, E. H.: "El tiempo como objeto en la manía". *Acta Psiq. Psicol. A. Lat.*, X, 1, pág. 44, 1964.
57. —."El trabajo de la construcción de símbolos en la manía y la psicopatía", en A. Rascovsky y D. Liberman (comps.): *Psicoanálisis de la manía y la psicopatía*. Buenos Aires, Paidós, 1966.
58. Schteingart, M.: *La adolescencia normal y sus trastornos endocrinos*. Buenos Aires, H. Macchi, 1964.
59. Segal, H.: *Introduction to the work of Melanie Klein*. Londres, W. Heinemann, Medical Books Ltd., 1964. (Existe versão em espanhol: *Introducción a la obra de Melanie Klein*. Buenos Aires, Paidós, 1969.)
60. Serebriany, R.: "Detención del tiempo, angustia claustrofóbica y actuación psicopática". Buenos Aires, *Revista de Psicoanálisis*, XIX, 3, 1962.
61. Sherif, M. y Sherif, C. (comps.): *Problems of youth: transition to adulthood in a changing world*. Chicago, Aldine Publishing Co., 1965.
62. Sorenson, R.: "Youth's need for challenge and place in American society; its implications for adults and adult institutions". Washington, D. C., National Committee for Children and Youth Inc., 1962.
63. Spiegel, L. A.: "Identity and adolescente", en Lorand y Schneer (cornos.): *Adolescence*. Nova Iorque, Paul Hoeber, Inc., 1961.
64. Stone, L. J. y Church, J.: *Niñez y adolescencia*. Buenos Aires, Hormé, 1959.
65. Sullivan, H. S.: *Schizophrenia as a human process*. Nova Iorque, W. W. Norton, 1962. (Existe versão em espanhol: *La esquizofrenía como un proceso humano*. México, Herrero, 1964.)
66. Thorpe, L. P. y Johnson, V.: "Personality and social development in childhood and adolescence. *Review of Educational Research*, 28, 5, págs. 422.432, dic. 1958.

Capítulo 3

Adolescência e psicopatia

LUTO PELO CORPO, PELA IDENTIDADE E PELOS PAIS INFANTIS

ARMINDA ABERASTURY, ADOLFO DORNBUSCH, NÉSTOR GOLDSTEIN, MAURICIO KNOBEL, GELA ROSENTHAL E EDUARDO SALAS

Arminda Aberastury, ao investigar as perturbações e momentos de crises durante a adolescência (1), encontrou que a definição do papel feminino ou masculino na união e procriação e as mudanças corporais que acontecem durante este processo — aparecimento dos caracteres sexuais secundários — são o ponto de partida das mudanças psicológicas e de adaptação social que também o caracterizam. Seguindo suas ideias, estabelecemos as correlações entre este período da vida e as psicopatias que aqui expomos.

Tanto as modificações corporais incontroláveis como os imperativos do mundo externo que exigem do adolescente novas pautas de convivência são vividos, no começo, como uma invasão. Isto o leva, como defesa, a reter muitas de suas conquistas infantis, ainda que também coexista o prazer e a ânsia de alcançar o seu novo *status.* Também o conduz a um refúgio em seu mundo interno, para poder ligar-se novamente com seu passado e, a partir daí, enfrentar o futuro. Estas mudanças, nas quais perde a sua identidade de criança, implicam a busca de uma nova identidade que vai se construindo num plano consciente e inconsciente. O adolescente não quer ser como determinados adultos, mas, em troca, escolhe outros como ideais. O mundo interno construído com as imagens paternas será a ponte através da qual escolherá e receberá os estímulos para a sua nova identidade. Este mundo interno terá neste momento o mesmo papel que teve *a equipe* (Spitz) no momento de nascer, equipe que lhe permitirá enfrentar o mundo e adaptar-se a ele com maior ou menor felicidade.* Um mundo interno bom e boas imagos paternas ajudam a elaborar a crise da adolescência tanto como as condições externas conflitivas e necessárias durante este período.

O adolescente vai se modificando lentamente e nenhuma pressa interna ou externa favorece este trabalho, pois como toda a elaboração de luto, exige tempo para ser uma verdadeira elaboração e não ter as características de uma negação maníaca. A patologia destes lutos relaciona a adolescência com a psicopatia e em ambas a conduta dos pais pode favorecer ou não estas negações, em qualquer dos três planos ou em todos os três. A perda que o adolescente deve aceitar ao fazer o luto pelo corpo é dupla: a de seu corpo de criança, quando os caracteres sexuais secundários colocam-no ante a evidência de seu novo *status* e o aparecimento da menstruação na moça e do sêmen no rapaz, que lhe impõem o testemunho da definição sexual e do papel que terão de assumir, não só na união com o parceiro, mas também na procriação. Isto exige o abandono da fantasia do duplo sexo, implícita em todo o ser humano como consequência da sua bissexualidade básica.

Neste período da vida repete-se o processo que na segunda metade do primeiro ano conduz a criança ao descobrimento de seus órgãos genitais e à busca simbólica da outra parte, busca que realiza através da atividade do jogo com objetos do mundo exterior animados ou inanimados. Esta exploração que a criança faz do mundo procurando a outra parte — o parceiro — tem a finalidade de elaborar o desaparecimento da fantasia do outro sexo em si mesmo.

Também se produz, nessa época, uma atividade masturbatória intensa, que surge não só como tentativa de descarregar as tensões genitais, mas também para negar onipotentemente que se dispõe de um só sexo e que para a união precisa-se da outra parte. É por essa característica de negação onipotente da realidade — a diferença de sexos — que a masturbação deixa sempre um remanescente de angústia, mesmo quando consegue a descarga de tensões.

Na puberdade, o aparecimento de uma intensa atividade masturbatória tem novamente o significado de uma negação maníaca e é acompanhado — como no primeiro caso — de fantasias de união.

Na primeira metade do primeiro ano, estas fantasias se centralizam nos pais a cena primária adquire as características de coito contínuo. O ado-

---

* A equipe com a qual a criança nasce é o resultado: a) do que traz nos gens, b) das condições nas quais o geraram, c) da vida intrauterina, e d) da qualidade do trauma de nascimento.

Adolescência Normal **65**

lescente costuma fantasiar com o objeto amoroso e esta fantasia tem a mesma finalidade que o jogo no primeiro caso: elaborar a necessidade do casal, negada através da masturbação.

A elaboração do luto conduz à aceitação do papel que a puberdade lhe destina. Durante o trabalho de luto surgem defesas cuja finalidade é negar a perda da infância.

A angústia e os estados de despersonificação que costumam acompanhar a menstruação e o aparecimento do sêmen têm o significado defensivo de não aceitar que é no próprio corpo que se estão reproduzindo estas mudanças. Ante a evidência crescente das mudanças, reforça-se a necessidade de conquistá-los.

A prova de realidade do crescimento do seu corpo poderia verbalizar-se assim: "Não sou uma criança, perdi a minha condição de criança; os meus pais não são os pais de uma criança, mas os pais de um adulto; eu tenho que comportar-me como um adulto, assim como o meu corpo".

O luto frente ao crescimento implica o ego e o mundo externo e os desníveis entre o crescimento do corpo e a aceitação psicológica desse fato são maiores quando o corpo muda rapidamente, incrementando-se a angústia paranoide de ser invadido.

Um adolescente de 17 anos, analisado por Sara Hilda Gelion, dizia: "Hoje tive, por um instante, a sensação de que entendo como sou, mas, que raro! Não me via senão com meu corpo de quando tinha 6 anos".

Quando a experiência lhe deu provas de seu crescimento genital — engravidou uma mulher — começou a se sentir ainda mais pequeno. Repetia durante suas sessões, referindo-se a qualquer tipo de atividade ou atuação: "Eu não posso fazer isso porque sou muito pequeno" e chegou a mentir conscientemente sobre a sua idade, atribuindo-se somente 14 anos, ao invés de 17.

O sentimento de ser pequeno servia para negar a realidade do seu desenvolvimento genital. Esta angústia aumentou quando teve que incentivar a sua parceira para que abortasse. Numa sessão dessa época diz: "Ontem de tarde fui pedir o boletim e o funcionário da universidade me disse que parecia de 14. Não gosto que pensem que sou pequeno, mas represento 14. Sou um rapaz que faz perguntas na faculdade, que *enche,* e por isso têm que me aguentar. Na turma dizem que se justifica o que faço porque sou pequeno." Ante a interpretação de que quer se sentir pequeno, para não pensar que concebeu um filho, responde: "Eu não tinha nada que ver, ela o fez", negando a participação do homem na gestação. E à interpretação de que ante a culpa que sente, quer pensar que só ela fez o aborto, responde: "O que quer dizer? Eu só sou um rapaz que dormiu com A.!"

Só quando o adolescente é capaz de aceitar simultaneamente os dois aspectos, o de criança e o de adulto, pode começar a aceitar de maneira flutuante as mudanças do seu corpo, e começa a surgir a sua nova identidade. Esse longo processo de busca de identidade ocupa grande parte da sua energia e é a consequência da perda da identidade infantil que se produz quando começam as mudanças corporais.

É nessa busca de identidade que aparecem patologias que podem confundir habitualmente uma crise com um quadro psicopático (ou neurótico de diferente tipo, ou ainda psicótico), especialmente quando surgem determinadas defesas utilizadas para iludir a depressão, assim como a má-fé, a impostura, as identificações projetivas em massa, a dupla personalidade e as crises de despersonificação, as quais, quando se consegue elaborar os lutos assinalados, resultam passageiras.

O psicopata — como muitos neuróticos ou psicóticos —, em troca, fracassa na elaboração do luto e não chega à identidade adulta, manifestando muitos destes sintomas sem modificação.

No adolescente e no psicopata, a escolha da vocação desperta angústias similares. O que dificulta a decisão não é a falta de capacidade, mas a dificuldade de renunciar, porque escolher obtém o significado não de adquirir algo, mas de perder o outro.

Quando o adolescente adquire uma identidade, aceita o seu corpo, e decide habitá-lo, enfrenta-se com o mundo e usa-o de acordo com o seu sexo. A conduta genital não se expressa só no ato sexual, mas em todas as atividades; por isso, no psicopata, o fracasso da identidade sexual se expressa também em todos os campos, como, por exemplo, no da vocação.

Quanto ao luto pelos papéis, diremos, tal como o assinala Zac em *O Impostor,* que na psicopatia, a simbiose de papéis identificados projetivamente e assumidos total e massivamente de maneira cruzada é um mecanismo defensivo. Isto é semelhante ao que assinalamos no corpo. Essa simbiose dos papéis corresponderia à impossibilidade de assumir no seu corpo a existência de um só sexo e de separar a imagem dos pais adquirindo uma nova forma de relação com eles.

No adolescente, as modificações em seu corpo levam-no à estruturação de um novo ego corporal, à busca de sua identidade e ao cumprimento de novos papéis: "Quem sou eu hoje?", "quem sou eu?", "se eu fosse você?", "eu sou como você?", "eu sou como todos?", são as perguntas que diariamente o adolescente se faz.

Tem que deixar de ser através dos pais para chegar a ser ele mesmo. Nos casos de aquisição precoce de identidade adulta, achamos que é um ser "através de alguém". Quando fica detido nisso, produz-se um enfraquecimento da identidade, semelhante ao que se produz no ego infantil quando recorre permanentemente ou com muita preferência a uma determinada defesa, a projeção, por exemplo.

Adolescência Normal 67

Da mesma maneira, as ideologias precocemente adquiridas e mantidas sem modificações adquirem caráter defensivo. As mudanças de identidade, muitas vezes velocíssimas, são normais no desenvolvimento e somente através delas chega-se a uma ideologia.

O que M. Baranger descreve em seu artigo sobre a má-fé é a melhor transcrição do que acontece no adolescente normal. "Existem nele uma multiplicidade de identificações não sedimentadas, contemporâneas e contraditórias." O adolescente se apresenta como vários personagens, às vezes ante os próprios pais, mas com maior frequência ante diferentes pessoas do mundo externo, que poderiam nos dar dele versões totalmente contraditórias sobre o seu amadurecimento, a sua bondade, a sua capacidade, a sua afetividade, o seu comportamento e, inclusive, num mesmo dia, sobre o seu aspecto físico.

As flutuações de identidade se experimentam também nas mudanças bruscas, nas notáveis variações produzidas em poucas horas pelo uso de diferentes vestimentas, mais chamativas na jovem adolescente, e igualmente notáveis também no rapaz.

Não só o adolescente padece este longo processo, mas os pais têm dificuldades para aceitar o crescimento em consequência do sentimento de rejeição que experimentam frente à genitalidade e à livre expansão da personalidade que surge dela. Esta incompreensão e rejeição se encontram, muitas vezes, mascaradas sob a outorgação de uma excessiva liberdade que o adolescente vive como abandono.

Este sente a ameaça iminente de perder a dependência infantil — quando assume precocemente seu papel genital — em momentos em que essa dependência é ainda necessária. Quando a conduta dos pais implica uma incompreensão das grandes flutuações polares entre dependência — independência, refúgio na fantasia —, ânsia de crescimento, conquistas adultas — refúgio em conquistas infantis —, dificulta-se o trabalho de luto, no qual são necessários permanentes ensaios e provas de perda e recuperação. Entre esses processos incluímos: a) algumas técnicas defensivas, como a desvalorização dos objetos para iludir os sentimentos de dor e perda. Este mecanismo é o mesmo na adolescência e na psicopatia, mas naquela é somente transitório; b) a busca de figuras substitutivas dos pais através das quais vai se elaborando a retirada de cargas. Esta fragmentação de figuras parentais serve às necessidades e dissociação* de bons e maus aspectos paternos, maternos e fraternos, o que traz junto, às vezes, transtornos da iden-

---

* Não é casualidade que em quase todas as escolas do mundo o ensino primário se ministra, em todo o seu transcurso, pela figura central do professor, e no ensino secundário, em troca, oferece-se ao jovem um professor para cada disciplina, adaptando-se a estas necessidades da adolescência.

68 Arminda Aberastury • Mauricio Knobel

tidade que, em outros casos, são uma consequência da prévia fragmentação do ego, somada à utilização de ideologias falsas tomadas por empréstimo do adulto. Se pudessem conseguir uma independência absoluta da autoridade paterna ou materna, observar-se-ia que a rebeldia frente aos pais só é possível quando flutuam com o submeter-se a outras figuras que os substituam.

Existe uma notável dissociação entre a atitude frente aos pais e aos substitutos. Vinculada a este fenômeno encontra-se, muitas vezes, a busca de ideologias através de figuras substitutivas paternas, que, contudo, não constituem ainda verdadeiras ideologias. Têm somente o caráter defensivo das formações reativas.

Todos estes processos vão acontecendo em planos conscientes e inconscientes e, muitas vezes, embora conscientemente desejem crescer em todos os planos e ser como os pais, algo lhes faz temer a condição de adultos e reagem de uma maneira paradoxal. Inibições genitais, impotência, angústia frente à genitalidade podem despertar-lhes a necessidade de manter-se como crianças, mesmo que seus corpos lhes mostrem que já não o são.

Quando o drama se debate neste plano, quanto mais cresce seu corpo, mais infantil se mostra o adolescente.

Estes conflitos, nascidos sobretudo da dissociação entre a mudança corporal e o psicológico, levam-no à necessidade de planificação característica da adolescência, que abrange desde o problema religioso ou o da localização do homem frente ao mundo, até os mais minúsculos fatos da vida cotidiana. Não pode fazer planos sobre o seu próprio corpo ou sobre suas identidades que muitas vezes o invadem tanto como o crescimento corporal, e recorre então à planificação e à verbalização, que cumpre neste período o mesmo fim defensivo que a onipotência do pensamento e da palavra entre o final do primeiro ano de vida e o começo do segundo.

Pronunciar a palavra é como realizar o ato e, para o adolescente, falar de amor ou planificar sobre a sua vida amorosa futura aparece como uma defesa ante a ação que sente impossível por dentro ou por fora. Está em pleno crescimento, mas é impotente ainda para fazer um uso positivo de suas conquistas, tanto no plano genital, como no de suas novas capacidades, que se desenvolvem em todos os planos.

O mundo externo, em sua dificuldade de aceitar o crescimento genital, vai pondo obstáculos, ou pelo menos não facilita o livre exercício de sua genitalidade, de suas capacidades econômicas e práticas em geral, o que secundariamente reforça as defesas que inicialmente erigiu frente ao crescimento.

A crise puberal determina o autismo defensivo, e a impotência despertada pela contínua frustração frente ao mundo real externo dificulta a sua saída em direção a esse mundo e leva-o a refugiar-se na planificação e nas ideologias.

Circularmente, essa planificação e essas ideologias defensivas, quando se estabilizam, podem isolá-lo cada vez mais do mundo.

O adolescente é um ser humano que quebra em grande parte as suas conexões com o mundo externo, não porque esteja doente, mas porque uma das manifestações da sua crise de crescimento é o afastamento do mundo para se refugiar num mundo interno que é seguro e conhecido.

Como em todo o impulso de crescimento, existe também o temor ao novo. O amadurecimento genital coloca-o frente à evidência de que possui um instrumento realizador da sua vida genital, fantasiada e desejada desde a segunda metade do primeiro ano, quando com o desprendimento do vínculo oral com a mãe se instala o triângulo edipiano e o desejo de recuperar, através dos órgãos genitais, a união boca-peito perdida. Enquanto esta união é fantasiada ou realizada através da atividade de jogo ou da masturbação com fantasias onipotentes de ter os dois sexos, a angústia é mantida afastada com métodos defensivos próprios da infância. Mas quando aparece o elemento novo, a possibilidade de levar à ação o que até então era fantasia, não só incrementa a angústia, como esta adquire novas características que exigem também que se criem novas defesas.*

A onipotência das ideias e a planificação são defesas que nessa idade estão ao serviço da adaptação a um novo papel. O incremento da angústia, a debilidade do ego e os mecanismos prévios de solução de conflitos pela ação podem levar o adolescente a refugiar-se numa genitalidade precoce, ou num tipo de atuação com aparências de maturidade prematura que encobre um fracasso na personificação.

No primeiro caso, vamos nos encontrar com atuações psicopáticas que se evidenciam na tendência à ação não planejada e que procuram encontrar na própria ação o castigo por desejos proibidos. Por exemplo, em adolescentes psicopáticos com tendências ao *acting-out* sexual encontra-se o mais alto percentual de contágio venéreo.

Vamos agora estabelecer comparações entre alguns dos rasgos que se consideram característicos das psicopatias e da adolescência, que se compreendem à luz da elaboração dos lutos mencionados.

O psicopata precisa, geralmente, estar com gente; sua maneira de comunicação acontece através da ação e precisa dos outros para realizá-la. Além disso, por medo de conhecer o seu interior, procura estar acompanhado, para não sentir a sua própria solidão.

---

* Repete-se o que, no plano oral, aconteceu quando as fantasias canibalísticas, que eram somente fantasias, passam, com o aparecimento dos dentes, a ser uma realidade possível de ser realizada através do elemento realizador, que é o dente. Este acontecimento põe em andamento a genitalidade, uma série de conquistas e também a aquisição da palavra.

O adolescente, pelo contrário, precisa estar só e desdobrar-se em seu mundo interno. Este recolhimento lhe é necessário para, daí, agir no mundo exterior.

O autismo que descrevemos como típico da adolescência o conduz a uma certa dificuldade na compreensão do que acontece ao seu redor; está mais ocupado em conhecer-se do que em conhecer os demais.

O psicopata, ao contrário, tem um *insight* defensivo sobre o que o outro precisa e utiliza-o para seu manejo. No psicopata, é manifesta a compulsão a agir e a dificuldade para pensar, e a ação não tem o valor instrumental de adquirir experiência.

O adolescente pensa e fala muito mais do que age. Acredita na comunicação verbal e dela precisa. Frustra-se quando não é escutado e compreendido. Quando se produz um fracasso repetido nesta comunicação verbal, pode recorrer à linguagem de ação e isso se torna muito evidente na compulsão a roubar ou na realização de pequenos atos delitivos; nesse momento, o adolescente entra já em certa psicopatia.

M. Klein foi a primeira a assinalar a fonte de sofrimento que é, na criança, a impossibilidade de falar para se comunicar, e como esse sofrimento pode agudizar-se quando já adquiriu algumas palavras, mas não é compreendido em seu meio.

Na adolescência, a comunicação verbal adquire o significado singular de um preparativo para a ação e como a palavra está investida de uma onipotência semelhante a que tinha na infância, falar de amor equivale ao próprio amor, e não ser entendido em suas comunicações verbais implica não ser estimado na sua capacidade de ação. Isto explicaria a susceptibilidade que caracteriza o adolescente quando não é escutado. O fracasso nessa comunicação pode conduzi-lo à ação.

No caso de B., rapaz de 15 anos, quando perdeu a esperança de ser compreendido pelos pais, começou a escrever o seu diário íntimo e quase paralelamente começou a realizar pequenos roubos, que descrevia no mesmo diário. Arranjou-se de tal modo que este diário despertasse a atenção de seus pais. Através da confissão verbal do ato delituoso, a palavra recuperava o seu perdido valor de comunicação. Os pais relatavam como este jovem, que tinha ficado totalmente desligado deles, que se tinha transformado num estranho, restabeleceu a conexão perdida através de seu diário.

A utilização da palavra e do pensamento como preparativos para a ação é uma característica do adolescente e desenvolve a mesma função que o jogo na infância: proporcionar a elaboração da realidade e adaptar-se a ela.[*]

---

[*] Uma das formas com que o adolescente do qual falamos quis negar a sua responsabilidade foi o estudo do *determinismo filosófico:* se todas as coisas no mundo têm um destino fixado de antemão, ele nunca teria podido impedir o que aconteceu. Na sua desesperada necessidade de iludir a culpa, chegou a formulações matemáticas que provavam o não iludível do que está determinado na natureza.

Adolescência Normal 71

A identidade alcançada no final da adolescência, embora tenha sua relação com as identificações do passado, inclui todas as do presente e também os ideais para os quais tende. O destino das identificações da infância dependerá não só da elaboração interna que a criança realiza, mas também das pautas de conduta da família e da sociedade. A formação da identidade começa com a própria vida, mas a conquista da identidade sexual exige a livre experimentação, e atravessa flutuações*. Nesse sentido, os tabus e proibições sexuais e as inibições genitais dos pais e professores não só a atrasam, mas podem conduzir a sua patologia.

Num bom desenvolvimento, a aceitação da vida conduz à aceitação da morte como um fenômeno dentro da evolução, leva a uma maior capacidade de amor e de gozo e a uma maior estabilidade das conquistas. Em troca, se os sentimentos de perda são negados, como no psicopata, não existe o cuidado pelo objeto nem por si mesmo, o afeto está negado e a capacidade de gozo, na vida, diminuída.

A elaboração do luto pelo corpo infantil e pela fantasia do duplo sexo conduz à identidade sexual adulta, à busca de parceiro e à criatividade. Muda assim a relação com os pais, adquirindo esta as características das relações de objeto adultas.

A conquista da identidade e a independência leva-o a integrar-se no mundo adulto e a agir com uma ideologia coerente com seus atos.

O psicopata, por um fracasso na elaboração desses lutos, não consegue a verdadeira identidade e a ideologia que lhe permitiriam conseguir este nível de adaptação criativa.

BIBLIOGRAFIA

Aberastury, A.: "La fase genital previa". Buenos Aires, *Revista de Psicoanálisis,* XXI, 3, págs. 203-213, 1964.

—. "La existencia de la organización genital en el lactante". *Revista Brasileira de Psicanálise,* I, 1, pág. 18, 1967.

—. "La importancia de la organización genital en la iniciación del complejo de Edipo temprano". Buenos Aires, *Revista de Psicoanálisis,* XXVII, 1, págs. 5-25, 1970.

Baranger, M.: "Mala fé y omnipotencia". *Revista Uruguaya de Psicoanálisis,* V, nºs 2-5,1963.

Klein, M.: *El psicoanálisis de niños.* Buenos Aires, Hormé, 2ª ed., 1964.

---

* Este tema é tratado mais exaustivamente no capítulo sobre a *síndrome da adolescência normal,* de Knobel, e no de Rosenthal e Knobel.

Capítulo 4

Adolescência e psicopatia
COM ESPECIAL REFERÊNCIA ÀS DEFESAS

ARMINDA ABERASTURY, ADOLFO DORNBUSCH,
NÉSTOR GOLDSTEIN, MAURICIO KNOBEL,
GELA ROSENTHAL E EDUARDO SALAS

A ideia de escrever este trabalho surgiu em nosso grupo de estudos após a leitura de dois historiais, um de Betty Joseph[5] e outro de Alberto Campo[2], nos quais descrevem a análise de adolescentes psicopáticos. Como na adolescência encontramos muitas das perturbações que se encontram na psicopatia, pareceu-nos interessante estudar algumas das suas diferenças e semelhanças, apoiando-nos nestes casos já conhecidos. Enquanto o escrevíamos, surgiu a ideia de incluir o material clínico de um adolescente analisado por Sara Hilda Gellon e supervisado por Arminda Aberastury* para mostrar, utilizando material clínico, algo do que teoricamente descrevemos ao falar de adolescência.

---

* Tratava-se de um jovem de 17 anos que tinha começado a sua vida sexual. Mantinha uma relação amorosa estável com uma mulher casada, mãe de tantos filhos quanto sua própria mãe. Neste caso pudemos comprovar — com claridade pouco frequente e enquanto os estava vivendo — os processos de luto pela infância que caracterizam a adolescência. A elaboração depressiva da gravidez e do aborto que depois mencionamos permitiu-nos ver como se defendeu de assumir a paternidade. Ao fazer consciente o luto pelo filho perdido, surgiram sentimentos de perda e de dor não só pelo filho, mas pela sua paternidade não realizada.

Adolescência Normal 73

Como já assinalamos, as mudanças corporais e psicológicas que se produzem durante a puberdade e a adolescência obrigam o indivíduo a abandonar a identidade e os papéis que caracterizaram seu *status* de criança. Esta renúncia exige um doloroso e lento trabalho de luto, que inclui o corpo, a mente e as relações de objeto infantis. Desde esta perspectiva, a adolescência, analisada detidamente em capítulos anteriores, é um dos grandes momentos na vida do indivíduo em sua relação com o mundo circundante.*

Em vista de que os conceitos gerais sobre psicopatia foram publicados com todos os detalhes na obra *Psicanálise da Mania e da Psicopatia,* editada por A. Rascovsky e D. Liberman, passaremos diretamente a mostrar as relações entre as defesas usadas na psicopatia e as que surgem durante o desenvolvimento normal da adolescência. Pode-se assinalar, seguindo as ideias de Betty Joseph, que as defesas nas psicopatias são técnicas para iludir a depressão, a culpa e a criminalidade, ao que Campo acrescenta a tendência ao suicídio. Por meio delas o psicopata consegue o que pareceria ser o seu objetivo fundamental: *alcançar um aparente equilíbrio.***

Já aqui podemos assinalar que na adolescência a mobilidade, a multiplicidade e o intercâmbio das defesas outorga, só transitória e parcialmente — e em determinadas ocasiões — *a aparência de equilíbrio* descrito nas psicopatias. Isto se consegue e se perde tantas vezes quantas o ego obtenha êxitos ou fracassos transitórios no estabelecimento da identidade.

Outra diferença fundamental é o uso que ambos fazem da linguagem. No adolescente a palavra é um meio básico de comunicação. No psicopata perdeu este valor instrumental, sendo substituída, em parte, pela ação. No psicopata um dano nas funções do ego, em consequência do exercício repetido e rígido de determinadas defesas, pode trazer como consequência uma compulsão a falar; neste caso a linguagem é mais ação do que comunicação. Um transtorno especial do pensamento — quando a linguagem perde o seu valor de comunicação e de adaptação à realidade — é a compulsão a

---

* Os outros são o nascimento, a instalação da fase genital prévia ao redor do sexto mês de vida e o final do primeiro ano com o aparecimento da genitalidade, a bipedestação, o caminhar e a linguagem. A importância fundamental destas mudanças explica por que tem sido necessária a busca de nomes que caracterizem a mudança de *status* de feto a infante, de infante a menino, de menino a adolescente e de adolescente a adulto. Em cada um deles se impõe a ruptura de uma identidade e a conquista de uma nova, através de uma forma de conexão com os objetos.

** Em seu trabalho *Comentários sobre a Análise de um Psicopata,* R. H. Etchegoyen descreve, em diversas situações, os diferentes mecanismos de defesa que apresentava o seu paciente adolescente e faz menção em especial a um tipo de defesa que denomina (conforme sugestão de Grinberg) *"insight" defensivo* e que se acresce aos já mencionados por Betty Joseph e Alberto Campo.

agir que pode invadir o campo do tra balho e da aprendizagem. A finalidade desta defesa é poder dominar a angústia da espera.

O adolescente de quem Betty Joseph tratou atacava-a indiscriminadamente com o corpo ou com palavras e este mesmo impulso o conduzia a arranhar ou desgarrar o seu corpo. Este mecanismo é subjacente às atuações impulsivas suicidas, que também são frequentes neste período. No terreno sexual, a fuga rumo a uma ação que tem o significado de pseudogenitalidade provoca também autoagressões no corpo e na mente. Em ambos os casos, a compulsão em atacar ou atacar-se parece ser o produto de um manejo inadequado da função perceptiva do ego e a de controle da motricidade (a serviço da autoconservação) pelo uso imperfeito de defesas, cuja finalidade deveria ser normalmente a de lutar contra a angústia para que esta não invada o ego, permitindo-lhe funcionar livremente.

No psicopata, de modo diferente do que no adolescente, não se consegue a aprendizagem através da ação, porque esta é usada como defesa. Mecanismos de projeção, negação e repressão condicionam transtornos na memória, e na relação com os objetos acarreta uma verdadeira loucura da percepção.

Alberto Campo estuda exaustivamente as defesas que entram em jogo para determinar o transtorno do pensamento e a ausência da culpa. Assinala que, ao negar a culpa, se está negando também o vínculo com o objeto. A negação do vínculo traz junto a impossibilidade de refazer o objeto na memória, o que inevitavelmente traz um déficit na acumulação de experiências. Ao se apagar a experiência, nega-se também qualquer responsabilidade pelo ato e este, portanto, não pode se relacionar com fatos novos, o que faz com que o psicopata não possa prever, porque a condição básica de toda previsão é a recordação causal e fiel da experiência acumulada. O dano na função mnêmica se origina no uso excessivo da repressão e da negação. O que habitualmente se assinala nos psicopatas como "incapacidade de tolerar tensões" explica-se, talvez, e é a expressão do fracasso do uso de defesas que, ao estarem *concentradas* na conquista de um *aparente equilíbrio,* descuidam o manejo mais útil das mesmas para o domínio da ansiedade. Este *equilíbrio aparente* está muito relacionado com a impostura, a mentira e a má-fé, modalidades todas do fracasso na consecução da identidade, como estudamos em outros trabalhos.

O esforço por querer controlar as tendências destrutivas pode levar o paciente — juntamente com a conquista deste *aparente equilíbrio* — a um aborrecimento ou a uma paralisação, da qual só consegue escapar através da ação impulsiva, expressando neste sintoma a luta entre a vida e a morte e o seu fracasso no controle da motricidade. Tanto no adolescente como no psicopata, a ação pode ser uma defesa contra a paralisação, o aborrecimento e o desejo de morte.

Adolescência Normal   75

Como o pensamento impõe uma demora e o ego do psicopata não sabe esperar, ignora os limites da ação e suas consequências, e se produz um transtorno na passagem do pensamento à ação. No adolescente, em troca, o pensamento é uma preparação para agir. Depois de cada ação, fica-lhe como resíduo uma experiência que enriquece a aprendizagem e pela qual se sente responsável.

Logicamente, seria necessário investigar quais são os acontecimentos e qual é o período da vida no qual surge pela primeira vez este transtorno na psicopatia. Pensamos que o ponto de vista de Melanie Klein[3] sobre a origem do pensamento lança alguma luz sobre o problema. O pensamento é, para ela, o filho espiritual tido com os pais no começo da situação edípica junto com o aparecimento do instinto epistemofílico. Se no psicopata — tal como assinalamos no trabalho sobre luto — existe uma dificuldade para chegar à identidade sexual e uma fixação à imagem dos pais em coito, o início do complexo de Édipo e a gênesis do pensamento estariam dificultados já desde o princípio. Entre outros motivos desencadeantes, incluímos também a duplicidade real de figuras maternas ou paternas, quando ambas realizam papéis intermutáveis ou semelhantes na educação da criança (mãe — ama de leite, mãe — avó, mãe — amante do pai, pai — amante da mãe), porque dificultam a integração da imagem da mãe e, consequentemente, a do pai.

No caso citado por Campo vê-se a atuação de um ego débil e um mau manejo das defesas desde o primeiro momento, já que assinala um atraso na dentição — o primeiro dente apareceu aos oito meses — e no caminhar — que iniciou aos quatorze meses. Traumas posteriores: a) operação de amígdalas aos cinco anos, e b) golpes nas pernas, reforçaram os mecanismos defensivos. Além disso, neste caso, a atitude retentiva e superprotetora da mãe, que "lhe permitia ver o mundo só pela janela e sob a sua vigilância", trancou as relações com o pai desde o começo do complexo de Édipo e posteriormente com todos os objetos do mundo exterior. As angústias genitais e o submetimento anal à mãe fizeram-se evidentes nas febrículas — excitação sexual —, que desapareceram quando esta abandonou o costume de tirar a temperatura retal.

Este e outros casos levaram-nos a pensar que para investigar o ponto de fixação da psicopatia, seria imprescindível estudar sempre as circunstâncias e manejos defensivos que dificultaram a elaboração do luto pelo peito e a passagem ao pai no primeiro ano de vida, já que o fracasso na conquista de identidade sexual é, como vimos, de fundamental importância neste transtorno. Outro fato que nos faz pensar na transcendência deste momento do desenvolvimento para encontrar o ponto de fixação da psicopatia é que a palavra — cuja sede é a boca — está perturbada até o ponto de ser suprida pela ação com todo o corpo[7].

76 Arminda Aberastury • Mauricio Knobel

Também seria conveniente estudar, na gênese da dificuldade para alcançar a identidade sexual, os acontecimentos que na genitalidade precoce — após o descobrimento dos órgãos genitais — podem trancar a sua evolução. Torna-se necessário aí investigar detidamente a exploração, a exibição, a masturbação, o jogo, a identificação projetiva com os pais e o predomínio de situações internas ou externas, que condicionam o uso de defesas que, perturbando o desenvolvimento, permitem, entretanto, manter um *equilíbrio aparente.*

Nas psicopatias, a identidade sexual está em conflito porque não se resolveu no decurso do desenvolvimento: o psicopata não elaborou adequadamente o luto pelo outro sexo. Por isso a cena primária segue tendo um papel tão importante, como tão repetidamente o assinala Zac em seu trabalho sobre o impostor[8].

A definição sexual imposta pela puberdade traz, como consequência, uma negação defensiva da diferenciação como tentativa de negar o luto necessário pela outra parte. A cena primária vivida com um coito contínuo tranquiliza o púbere, a união evita a perda. Unido ao outro sexo, conservará, por sua vez, os seus órgãos genitais e os do outro. Desta maneira, satisfaz através da identificação projetiva a necessidade de unir-se, e em seu corpo a nega[2].

No psicopata e no adolescente, uma defesa contra a intimidade sexual é pôr distância (interna ou externa) frente ao sexo oposto, mediante um controle fóbico. Mas o medo e a desconfiança iniciais levam o adolescente a se preparar para a intimidade sexual, mediante provas de perda e recuperação dessa distância, o que no psicopata é impossível porque a ação não enriquece, nem mesmo minimamente, esta aprendizagem.

Uma adolescente de 18 anos, tratada por Eduardo Salas, expôs numa sessão a necessidade de sair do grupo, porque considerava muito superficial dita terapia para os conflitos que ela queria elaborar. Justamente na sessão anterior, um dos integrantes tinha trazido ao grupo a narração de como tinha excitado a sua garota e que atitudes esta tinha tomado ao sentir o seu orgasmo. A paciente tentava, desta maneira, pôr distância entre a sua própria excitação e a da protagonista do relato do outro. Por sua parte, este contou o susto que levou ao ver a sua parceira excitada e em orgasmo. Tanto o assustou que há uma semana não a via e tinha medo de se encontrar com ela (evitação fóbica)[*].

---

[*] O adolescente tratado por Sara Hilda Gellon mostrou estes mecanismos numa sessão que foi estudada exaustivamente durante uma supervisão coletiva, mas a extensão do trabalho nos impede de expô-lo aqui. Na hora anterior à do paciente, vinha uma mulher jovem com a qual se encontrava quando chegava cedo; começou a chegar tarde para evitá-la e foi essa evitação fóbica que se estudou detalhadamente.

Também na adolescência, ante a iminência e a possibilidade da conquista da união genital, surgem defesas próprias para esse momento e para a ansiedade que provoca. Uma delas é a onipotência das ideias. Através dela, tudo se pode realizar sem experimentar o perigo da prova de realidade pela ação. Um adolescente que tinha falado durante muitas sessões de suas atividades políticas na faculdade disse:

"Queriam alienar a faculdade, os jornais nos criticaram porque fizemos o ato pelos mortos em 9 de junho nas reuniões..." Quando a analista lhe pediu que descrevesse as reuniões, disse: "Essas que faz Romero com outros no salão grande com cadeiras atapetadas muito lindas. Eu nunca entrei, vi de fora". O salão ao qual se referia era o Conselho da faculdade, que apesar de tê-lo mencionado muitas vezes, evidentemente desconhecia. Ao demonstrar assim que não se atrevia a entrar no mundo dos grandes, começou-se a quebrar a defesa estruturada — neste caso — sob a forma de uma ideologia política erigida contra uma realidade que o assustava. O paciente disse: "É certo, não sei nada, acredito que no Conselho *até tem estudantes*. R., um companheiro de turma, entrou na aula de Borges e gritou-lhe: *"Eu não poderia"*. A onipotência das ideias e a planificação são defesas que, neste período, estão ao serviço da adaptação a um novo papel.

A necessidade de experiências amorosas e o temor de tê-las podem conduzir o adolescente a utilizar como defesa a compulsão em *devorar novelas* ou em *devorar filmes,* tentando desta maneira aprender através de personagens o que não consegue realizar na vida real. Às vezes, refugia-se numa compulsão de extrair dos livros a experiência que também não se atreve a investigar na vida real, e o estudo se transforma mais numa defesa do que numa sublimação. Uma menina de dez anos* deslocou as ansiedades provocadas pelas mudanças corporais que lhe aconteciam de maneira rápida e continuada a uma desproporcionada preocupação pelos seus estudos, sentindo-se obrigada a obter notas muito altas em todas as disciplinas. Conseguia suas qualificações, embora sofrendo uma grande preocupação, que não correspondia com a realidade. Na única matéria onde falhava esta defesa era em Geografia, matéria dada por um professor, ou seja, por um indivíduo de sexo diferente do seu. As dificuldades estavam centralizadas na recordação das acidentadas bordas dos continentes. Associava golfos, baías, penínsulas e demais irregularidades com o seu próprio corpo e as mudanças que este ia sofrendo com o crescimento.

O medo da intimidade sexual entra em conflito com a grande força instintiva, que o impele à investigação e à união, e o adolescente costuma resolvê-lo com medidas defensivas que o conduzem a atitudes fóbicas frente ao outro sexo. Deste ponto de vista, é importante estudar a relação

---

* Tratada por Eduardo Salas.

do adolescente com o tempo, e a necessidade que sente de precipitar as experiências ou demorar, porque neste período existe uma polaridade entre o sentir-se extremamente jovem e extremamente velho, sem tempo já para viver.

O deixar-se morrer, assinalado por Grinberg[4] como desejo de uma parte do ego, explica as crises de morte e as fantasias suicidas nos adolescentes, e confirma o que Campo observa ao estudar as defesas erigidas nas psicopatias. Esse desejo de morrer pode transformar-se num suicídio real, quando fracassa o pensamento e se chega à ação. Nestes casos, *ser* um suicida pode se transformar numa escolha de identidade (Erikson) com o mesmo significado da aquisição de identidade através do sobrenome, da fortuna, da fama dos pais, onde há um verdadeiro fracasso da identidade, uma morte do próprio ego.

Frente à angústia que traz a difusão da identidade no adolescente e no psicopata, pode surgir a busca de uma identidade totalitária, como se o fato definitivo de ser alguém e alguém mau ou inclusive morrer de maneira total e por livre escolha fosse melhor do que ser "mais ou menos alguém..."[3].

Esta mesma angústia vinculada com o transtorno na percepção do decurso do tempo é que impulsiona um adolescente a iniciar precocemente a sua vida genital antes de ter elaborado a sua identidade sexual, como se não pudesse esperar que esta chegasse.

A mesma pressa na busca da identidade total pode conduzir à aquisição de ideologias que são somente defensivas ou, em muitos dos casos, emprestadas pelo adulto, mas não autenticamente incorporadas ao ego. Tanto a ideologia como a identidade são necessidades do ego adolescente para poder se integrar ao mundo do adulto: nova situação na qual se sente urgido pelo desenvolvimento corporal. Com suas raízes no passado, cada ideologia deve ser como a imagem do corpo, uma criação e não uma dádiva nem um empréstimo. "Uma ideologia — segundo Erikson — deve ser um sistema coerente de imagens, ideias e ideais compartilhados que provêem seus participantes de uma orientação total, coerente, sistematicamente simplificada no espaço, no tempo, nos meios e nos fins". A adolescência precisa basear as suas rejeições e as suas aprovações em alternativas ideológicas relacionadas, de maneira vital, com os limites existentes na formação da identidade. Sua aquisição exige um longo processo, no qual vai se elaborando o luto das ideologias substitutivas da relação com os pais. É frequente que as primeiras tentativas tenham as características de uma formação reativa contra eles ou se assemelhem totalmente aos de uma pessoa que constitui um ideal substitutivo dos pais. A própria ideologia surge junto com a identidade adulta. A conquista dessa identidade é uma meta à qual se deve chegar assumindo a criatividade em forma de paternidade ou de maternidade tanto como de criatividade no mundo, e se alcança através

Adolescência Normal 79

dos lutos mencionados. Quando o adolescente começa a sentir-se cômodo em seu próprio corpo e quando começa a saber aonde vai, tem a certeza de começar a ser reconhecido em seu meio, adquire uma certa consciência tranquila desse crescimento e diminui a intensidade das defesas. Então suas conquistas tornam-se mais fáceis e úteis. No psicopata, o fracasso na elaboração do luto da infância, nos três planos estudados, impede-lhe a conquista de uma identidade coerente e de uma ideologia verdadeira, o que lhe impossibilita incluir-se no mundo e agir nele adequadamente. O psicopata age como se tivesse os dois sexos; consequentemente, a escolha do parceiro perde importância, reforça-se o interesse pelo casal dos pais, e a confusão na sua identidade leva-o a não poder formar uma ideologia própria*.

BIBLIOGRAFIA

1. Aberastury, A.: "La dentición, la marcha y el lenguaje, y su relación con la posición depresiva". Buenos Aires, *Revista de Psicoanálisis,* XV, 1958.
2. Campo, A.: "*El pensamiento y la culpa en la personalidad psicopática*". Buenos Aires, A.P.A., 1963.
3. Erikson, E.: "*El problema de la identidad del yo. Identidad y adolescencia*". Montevideo, *Revista Uruguaya de Psicoanálisis,* V, 2-3, 1963.
4. Grinberg, L.: "*El individuo frente a su identidad*". Buenos Aires, *Revista de Psicoanálisis,* XVIII, pág. 5, 1961.
5. Joseph, B.: "*Some characteristics of the psychopathic personality*". International Journal of Psychoanalysis, XLI, 4-5, 1960.
6. Klein, M.: "*El psicoanálisis de niños*". Buenos Aires, Hormé, 1964.
7. Stoller, R. J.: "*A contribution to the study of gender identity*". International Journal of Psychoanalysis, XXV, 2-3, 1964.
8. Zac, J.: "*El Impostor. Contribución al estudio de las psicopatías*". Buenos Aires, *Revista de Psicoanálisis,* XXI, 1, pág. 58, 1964.

---

* Compreendemos que esta é somente uma primeira aproximação ao problema e que há muita literatura sobre o assunto que ficou fora deste trabalho, mas era a maneira de centralizá-lo numa hipótese de investigação que surgiu — tal como assinalamos no começo — da leitura de dois historiais. Parte dos trabalhos elaborados, e especialmente este capítulo, foram concretizados num grupo de estudos dirigido por A. Aberastury e integrado por Elsa Aisenberg, Delia Grad, Alicia Aslan de Marotta e Guillermo Rinaldi, a quem agradecemos suas valiosas contribuições.

Capítulo 5

O pensamento no adolescente e no adolescente psicopático

GELA ROSENTHAL E MAURICIO KNOBEL

Neste capítulo apresentamos as ideias surgidas em um grupo de estudo dirigido por Arminda Aberastury*, elaborando suas noções e o material surgido nas discussões do tema[1,2].

Basicamente, o processo da adolescência, assim como está definido no capítulo sobre a síndrome da adolescência normal, baseado em conceitos de Knobel[7], implica um certo grau de conduta psicopática inerente à evolução normal dessa etapa. O exagero na intensidade ou na persistência destes fenômenos configura a psicopatia, no sentido nosológico do termo.

De acordo com A. Aberastury, pode-se observar na adolescência a elaboração de três lutos fundamentais:

1 — luto pelo corpo infantil;
2 — luto pela identidade e pelo papel infantil;
3 — luto pelos pais da infância.

Vejamos como estes três lutos repercutem na esfera do pensamento.

---

* Grupo constituído por Arminda Aberastury, Adolfo Dornbusch, Néstor Goldstein, Mauricio Knobel, Gela Rosenthal e Eduardo Salas.

Luto pelo corpo infantil

Em virtude das modificações biológicas características da adolescência, o indivíduo, nesta etapa do desenvolvimento, vê-se obrigado a assistir passivamente a toda uma série de modificações que se realizam na sua própria estrutura, criando um sentimento de impotência frente a esta realidade concreta, que o leva a deslocar a sua rebeldia em direção à esfera do pensamento. Este se caracteriza, então, por uma tendência ao manejo onipotente das ideias frente ao fracasso no manejo da realidade externa. Vive, nesse momento, a perda do seu corpo infantil com uma mente ainda na infância e com um corpo que vai se tornando adulto. Esta contradição produz um verdadeiro *fenômeno de despersonificação* que domina o pensamento do adolescente no começo desta etapa e se relaciona com a própria evolução do pensamento. As palavras são as aquisições culturais transmitidas às crianças pelos pais. A perda dos objetos reais vai sendo substituída por símbolos verbais que são as palavras (peito e mãe reais se substituem pelas palavras correspondentes). Estes símbolos podem-se manejar onipotentemente na sua substituição fantasiada e, à medida que o pensamento evolui, o conceito simbólico substitui cada vez mais o concreto real egocêntrico[9]. No adolescente normal, este manejo das ideias serve também para substituir a perda de seu corpo infantil e a não aquisição da personalidade adulta por símbolos intelectualizados de onipotência, reformas sociais e políticas, religiosidade, onde ele não está diretamente comprometido como pessoa física (já que neste estado se sente totalmente impotente e incômodo), mas como entidade pensante. Nega assim o seu corpo infantil perdido e, em flutuações incessantes com a realidade que o colocam na relação com seus pais, com sua família e com o mundo concreto que o rodeia e do qual depende, elabora essa perda e vai aceitando a sua nova personalidade.

A despersonificação do adolescente implica uma projeção na esfera de uma elocubração altamente abstrata do pensamento e explica a relação lábil com objetos reais, que rapidamente perde, como perde paulatina e progressivamente o seu corpo infantil.

"Isto nos permite seguir o equilíbrio progressivo e compreender o papel específico da vida mental, o qual consiste em conquistar uma mobilidade e uma reversibilidade completas, impossíveis de realizar no plano orgânico"[10].

Este processo de despersonificação flutuante no adolescente normal pode, por exagero em sua intensidade ou por fixação evolutiva, adquirir as características observadas na psicopatia.

A simbolização fracassa, o símbolo e o simbolizado se confundem e as ideias tentam se desenvolver no *plano orgânico,* que é o que leva à ação em curto-circuito[3]. Aqui a confusão pode ser extrema e o adolescente nega a

82 Arminda Aberastury • Mauricio Knobel

sua realidade biopsíquica, começando a viver papéis fantasiados que sente como verdadeiros.

Todo o fenômeno do *impostor*[11] ou do *se eu fosse você*[6] cabe nesta descrição. Isto nos leva ao conflito de identidades e ao segundo luto.

Luto pela identidade e pelo papel infantil

Na infância, a relação de dependência é a situação natural e lógica; a criança aceita a sua relativa impotência, a necessidade de que outros se encarreguem de certo tipo de funções egoicas, e o seu ego vai enriquecendo mediante o processo de projeção e introjeção que configura a identificação. Na adolescência há uma confusão de papéis, já que, ao não poder manter a dependência infantil e ao não poder assumir a independência adulta, o sujeito sofre um *fracasso de personificação* e, assim, o adolescente delega o grupo grande parte de seus atributos, e, aos pais, a maioria das obrigações e responsabilidades. Recorre a este mecanismo esquizoide ficando a sua própria personalidade fora de todo o processo de pensamento, com um manejo onipotente; é a irresponsabilidade típica do adolescente, já que ele, então, nada tem a ver com nada e são outros os que se encarregam do princípio de realidade. Assim, podemos nos explicar uma característica típica da adolescência, a *falta de caráter,* surgida deste fracasso de personificação, que por sua vez o leva a confrontos reverberantes com a realidade; um contínuo comprovar e experimentar com objetos do mundo real e da fantasia que se confundem também, permitindo-lhe por sua vez despersonificar os seres humanos, tratando-os como objetos necessários para as suas satisfações imediatas. Esta *desconsideração* por seres e coisas do mundo real faz com que todas as suas relações objetais adquiram um caráter, embora intenso, sumamente frágil e fugaz, o qual explica a instabilidade afetiva do adolescente, com suas crises passionais e seus arroubos de indiferença absoluta. Aqui, a exclusão do pensamento lógico, que surge do luto pelo papel infantil, converte-se na atuação afetiva, como o luto pelo corpo da infância se convertia na atuação motora. O manejo objetal, realizado da maneira descrita, leva-o a uma série de mudanças contínuas, através das quais estabelecerá a sua identidade, seguindo um processo lógico de amadurecimento. Neste desenvolvimento, e em parte, pelos mecanismos de negação do luto e de identificação projetiva com seus coetâneos e com seus pais, passa por períodos de confusão de identidade. O pensamento, então, começa a funcionar de acordo com as características grupais, que lhe permitem uma maior estabilidade através do apoio e do aumento que significa o ego dos outros, com o que o sujeito se identifica.

Esta seria uma das bases do fenômeno das *turmas,* onde o adolescente se sente aparentemente tão seguro, adotando papéis mutáveis e par-

Adolescência Normal **83**

ticipando da atuação, responsabilidade e culpas grupais. Estas experiências grupais são transferidas a seu próprio processo de pensamento, no qual os afetos e os objetos depositários dos mesmos são também fragmentados e tratados, prescindindo de uma responsabilidade pessoal. Amor e ódio, culpa, reparação, são intermitentemente vividos com intensidade e rapidamente eliminados, para voltar a ocupar posteriormente o pensamento, num processo constante de aprendizagem que significa este jogo de manejo objetal e afetivo.

O exagero ou a fixação deste processo, pela não elaboração do luto pela identidade e pelo papel infantil, explica as condutas psicopáticas de desafeto e de crueldade com o objeto e induz à atuação e à falta de responsabilidade. O psicopata trata as pessoas como objetos, com desconsideração e sem culpa, em forma permanente e intensa, assim como o adolescente o faz transitoriamente durante a sua evolução e com capacidade de retificação. O curto-circuito afetivo, ao eliminar o pensamento, onde a culpa pode elaborar-se, permite o mau trato definitivo dos objetos reais e fantasiados, criando, em última instância, um empobrecimento do ego, que tenta se manter irrealmente numa situação infantil de irresponsabilidade, mas com aparente independência, diferente do adolescente normal, que tem conflitos de dependência, mas que pode reconhecer a frustração. A impossibilidade de reconhecer a frustração e aceitá-la obriga a bloquear a culpa e a induzir o grupo à atuação sadomasoquista, não participando da mesma. Pode fazê-lo porque dissocia pensamento de afeto e utiliza o conhecimento das necessidades dos outros para provocar a atuação, satisfazendo assim, indiferentemente em aparência, as suas próprias ansiedades psicóticas.

O adolescente normal pode, nestas circunstâncias, seguir os propósitos do psicopata, e sucumbir à ação, já que participa intensa e honestamente da mesma. É assim que o conflito de identidade no adolescente normal adquire, no psicopata, a modalidade de uma *má-fé consciente,* que o leva à expressão de pensamento cruel, desafetivo, ridicularizante dos outros, como mecanismos de defesa frente à culpa e ao luto pela infância perdida, que não podem ser elaborados.

Normalmente, o adolescente vai aceitando as perdas de seu corpo infantil e de seu papel infantil, ao mesmo tempo que vai mudando a imagem de seus pais infantis, substituindo-a pela de seus pais atuais, num terceiro processo de luto.

Luto pelos pais da infância

A relação infantil de dependência vai sendo abandonada paulatinamente e com dificuldade. A impotência frente às mudanças corporais, as penúrias da identidade, o papel infantil em combate com a nova identidade e suas expectativas sociais fazem com que se recorra a um processo de negação das mesmas mudanças, que concomitantemente vão se realizando nas figuras e nas imagens correspondentes dos pais e no vínculo com eles, que, logicamente, não permanecem passivos nestas circunstâncias, já que também têm que elaborar a perda da relação de submetimento infantil de seus filhos, produzindo-se então uma interação de um duplo luto, que dificulta ainda mais este aspecto da adolescência.

Pretende-se não só ter os pais protetores e controladores, mas periodicamente se idealiza a relação com eles, procurando uma *subministração contínua* que de maneira imperiosa e urgente deve satisfazer as tendências imediatas, que aparentemente facilitariam a conquista da independência. O pensamento se expressa aqui em forma de contradições: é a necessidade imediata do automóvel familiar (dependência), para se mostrar como adulto e dono da potência familiar (pseudoindependência). A demanda desconsiderada e, às vezes, inoportuna de dinheiro (dependência) para manejar-se como um indivíduo adulto e potente frente aos outros (pseudoindependência).

As contradições de pensamento desse tipo, tão frequentes na adolescência, mostram-nos a falta de elaboração conceitual e a permanência em níveis inferiores deste processo. Esta mesma contradição produz perplexidade no manejo das relações objetais parentais internalizadas e interrompe a comunicação com os pais reais externos, agora totalmente deslocados no contexto de sua personalidade. Figuras idealizadas devem substituí-los, e então o adolescente se refugia num mundo autista de meditação, análise, elaboração de luto, que lhe permite projetar em professores, ídolos desportivos, artistas, amigos íntimos e, em seu diário, a imagem paterna idealizada. Esta solidão periódica do adolescente é ativamente procurada por ele, já que lhe facilita a conexão com os objetos internos neste processo de perda e de substituição dos mesmos, que vai terminar enriquecendo o ego. O diário que frequentemente os adolescentes têm serve para a externalização dos objetos internos e de seus vínculos, permitindo o controle e o cuidado dos mesmos no exterior. Isto facilita a elaboração das relações objetais perdidas, mediante a fixação das mesmas em seu diário.

No psicopata os pais infantis têm vigência real e permanente, e a perda da subministração contínua acarreta frustrações demasiadamente intensas para serem suportadas. Há aqui uma verdadeira *demência das percepções*[5], que o impede de verificar a realidade e o obriga a vivenciar a frustração como uma ameaça de morte, da qual se defende com uma resposta em curto-circuito, onde a percepção distorcida age como causa desencadeante de um efeito avassalador.

A negativa do automóvel, por exemplo, obriga ao roubo do mesmo (roubo do peito onipotente e frustrador). A falta de dinheiro pode levar ao

Adolescência Normal   85

ato delituoso ou criminoso que facilite a sua obtenção. Há percepção-ação, sem pensamento.

Ao invés de procurar a solidão que lhe permita a elaboração da perda dos pais infantis, evita-a constantemente, tentando diluir a sua personalidade através de identificações projetivas em massa com grupos de delinquentes ou semidelinquentes, aos quais faz atuar as suas ansiedades. O psicopata percebe o mundo externo como ameaçador e frustrante, e, na sua resposta apressada e angustiada frente a esta ameaça, utiliza o seu caudal intelectual para prescindir do confronto crítico e emprega apenas uma racionalização mais ou menos coerente para explicar a sua conduta cruel e desconsiderada, carente aparentemente de culpa, e a não necessidade de justificação, já que *está* permanentemente na atitude de receber a subministração contínua que o adolescente normal só deseja momentânea e periodicamente. O luto pelo corpo infantil perdido, pela identidade e pelo papel infantil e pelos pais infantis leva consigo, dentro do processo do pensamento, uma dificuldade na discriminação da localização temporal do sujeito e da identificação sexual do mesmo.

O tempo no adolescente

O adolescente entra numa *crise de temporalidade*[8]. A criança tem um conceito fenomenológico da limitação do espaço e falta-lhe o conceito de tempo, que é limitado para ela. O adulto tem a noção do infinito espacial e da temporalidade da existência. No adolescente isto se mistura e confunde, apresentando então o pensamento do adolescente as contradições de imediatismo ou de relegação infinita frente a qualquer tipo de possibilidades de realização, às quais podem se seguir sentimentos de impotência absoluta. É um verdadeiro estado caótico, que por alguns momentos pareceria indicar a invasão e o predomínio de um tipo de pensamento primário.

Este vai sendo substituído pelo juízo de realidade, mediante a elaboração dos três lutos enunciados, que permite localizar corpo, papel e pais infantis no passado, aceitando o transcurso do tempo e, com este, o conceito de morte como processo irreversível e natural dentro do desenvolvimento.

No psicopata, a atemporalidade se estabelece rigidamente em seu pensamento; posterga e exige sem discriminação frente à realidade, e atua sem esta noção limitante, que permite a localização do indivíduo no mundo.

A periodicidade do pensamento primário observada no adolescente normal adquire caracteres de permanência no psicopata.

O sexo no adolescente

Freud[4] estabeleceu a importância das mudanças puberais no caminho do autoerotismo à sexualidade madura genital. As mudanças biológi-

86 Arminda Aberastury • Mauricio Knobel

cas da puberdade impõem a sexualidade genital ao indivíduo e intensificam a urgência do luto pelo corpo infantil perdido, o que implica também o luto pelo sexo perdido.

Na segunda metade do primeiro ano de vida, de acordo com o assinaladopor Arminda Aberastury, a criança verifica a sua identidade sexual e, através do jogo, tenta elaborar a situação traumática que significa a perda do outro sexo, recuperando-o de um modo simbólico através de objetos. Na puberdade, a definição da sua capacidade criativa marca uma nova definição sexual na procriação, já que os seus órgãos genitais não só aceitam a união do casal, como também a capacidade de criar. Na adolescência, tenta-se recuperar infrutuosamente o sexo perdido, mediante a masturbação, que é uma negação onipotente desta perda. O psicopata, em troca, permanece numa bissexualidade fantasiada, que tem para ele todo o significado da realidade psíquica e que lhe impede ter relações amorosas de objeto e a conquista do parceiro que procura, e que o adolescente normal, em troca, pode obter. Este passa por momentos de confusão de sexos que implicam fantasias homossexuais, que são as que precisamente lhe permitem elaborar os lutos inerentes a esta etapa do desenvolvimento.

Resumo

O pensamento do adolescente está determinado por um processo de tríplice luto:

1 — luto pelo corpo infantil;
2 — luto pela identidade e pelo papel infantil;
3 — luto pelos pais da infância.

O luto pela bissexualidade infantil perdida acompanha estes três processos de luto.

Produz-se, basicamente, um curto-circuito do pensamento, no qual se observa a exclusão do conceito lógico mediante a expressão através da ação.

O luto pelo corpo infantil perdido leva a uma expressão na ação motora direta.

O luto pela identidade e pelo papel infantil permite a atuação afetiva sem apreensão, passional ou cheia de indiferença, sem nenhuma consideração racional pelos objetos.

O luto pelos pais da infância produz uma distorção da percepção, que facilita a resposta imediata, global e irracional.

Esta tríplice situação traz consigo também a confusão sexual e a da temporalidade, que caracterizam o pensamento do adolescente.

Adolescência Normal 87

A elaboração incompleta dos lutos ou a não elaboração de algum deles produzirá fixação ou exageros destes processos, que poderão ser identificados na conduta psicopática, onde adquirem modalidades de persistência e de irredutibilidade, que, levando em conta estas considerações, podem ser modificadas mediante o tratamento psicanalítico.

BIBLIOGRAFIA

1. Aberastury, A.: "La fase genital previa". Buenos Aires, *Revista de Psicoanálisis,* XXI, 3, págs. 203-213, 1964.
2. —. "La existencia de la organización genital en el lactante". *Revista Brasileira de Psicanálise,* I, 1, pág. 18, 1967.
3. Arieti, S.: "Psychopatic personality. Some views on its psychopathology and psychodinamics". *Comprehensive Psychiatry,* IV, 5, pág. 301, 1963.
4. Freud, S.: "Una teoria sexual". *Obras Completas.* Madrid, Biblioteca Nueva, II, 1923.
5. Gruhle: Cit. en E. Mira y López: *Manual de psiquiatría.* Buenos Aires, El Ateneo, pág. 483, 1958.
6. Klein, M.: "Sobre la identificación", en Klein, M. y otros: *Nuevas direcciones en psicoanálisis.* Buenos Aires, Paidós, 1965.
7. Knobel, M.: "Psicologia de la adolescencia". La Plata, *Revista de la Universidad Nacional de La Plata,* 16, enero-diciembre, 1962.
8. Merenciano, F. M.: *Psicopatología de la adolescencia.* Valencia, Metis, 1947. 9. Piaget, J.: *Psicología de la inteligencia.* Buenos Aires, Psique, 1955.
10. —. *La formación del símbolo en el niño.* México, Fondo de Cultura Económica, 1961.
11. Zac, J.: "El impostor. Contribución al estudio de la psicopatía". Buenos Aires, *Revista de Psicoanálisis,* XXI, 1, pág. 58, 1964.

Capítulo 6

O adolescente e o mundo atual

ARMINDA ABERASTURY

A partir do início do século, a adolescência foi motivo de contínuos estudos, que progrediram desde o considerar somente os problemas surgidos com o despertar da genitalidade até o estudo das estruturas do pensamento que localizam o jovem no mundo de valores do adulto. A psicologia, a psiquiatria e a psicanálise tentaram compreender e descrever o significado desta crise do crescimento que é acompanhada de tanto sofrimento, de tanta contradição e de tanta confusão. A sociologia e a psicologia social lançaram luzes sobre o problema e permitiram vislumbrar a solução de alguns de seus problemas intrínsecos. Nestas páginas falamos tanto do jovem em crescimento e de seus problemas como do impacto que produz este crescimento no ambiente adulto e na sociedade adulta, e dos empecilhos que se opõem a este crescimento e às modificações que implica.

Quais são os motivos para que a sociedade não modifique as suas rígidas estruturas e se empenhe em mantê-las, mesmo quando o indivíduo muda? Que conflitos conscientes ou inconscientes fazem com que os pais ignorem ou não compreendam a evolução do filho?

O problema mostra, assim, outra face escondida até hoje debaixo do disfarce da adolescência difícil: é a de uma sociedade difícil, incompreensiva, hostil e inexorável, às vezes, frente à onda de crescimento lúcida e

Adolescência Normal 89

ativa que lhe impõe a evidência de alguém que quer agir sobre o mundo e modificá-lo sob a ação de suas próprias transformações.

A tendência que caracteriza esta etapa é, do ponto de vista do indivíduo, a necessidade do jovem de começar a fazer parte do mundo do adulto, e os conflitos que surgem têm a sua raiz nas dificuldades para ingressar nesse mundo e nas dificuldades do adulto para dar passagem a essa nova geração que lhe imporá uma revisão crítica de suas conquistas e do seu mundo de valores.

Literalmente, adolescência (latim, adolescência, *ad:* a, para a + *olescere:* forma incoativa de *olere,* crescer) significa a condição ou o processo de crescimento. O termo se aplica especificamente ao período da vida compreendido entre a puberdade e o desenvolvimento completo do corpo, cujos limites se fixam, geralmente, entre os 13 e os 23 anos no homem, podendo estender-se até os 27 anos.

Embora se costume incluir ambos os sexos no período compreendido entre os 13 e os 21 anos, os fatos indicam que nas adolescentes se estende dos 12 aos 21 anos, e nos rapazes dos 14 aos 25 anos em termos gerais.

O crescimento e as modificações do seu corpo ao chegar à puberdade — (latim, *pubertas,* de púber: adulto) capacidade de gerar — impõem ao adolescente uma *mudança de papel* frente ao mundo exterior, e o mundo externo exige-lhe se ele não o assume. Esta exigência do mundo exterior é vivida como uma *invasão* a sua própria personalidade. Ainda que ele não queira — sobretudo o adolescente que muda de repente — é exigido como se fosse um adulto, e essa exigência do mundo exterior geralmente o conduz — como defesa — a manter-se nas suas atitudes infantis.

A característica da adolescência é que a criança, queira ou não, vê-se obrigada a entrar no mundo do adulto; e poderíamos dizer que primeiro entra através do crescimento e das mudanças do seu corpo e, muito mais tarde, através de suas capacidades e de seus afetos. É muito frequente que aos 16, 17 ou 18 anos se mostrem muito maduros, em alguns aspectos, mas paradoxalmente imaturos em outros. Isto surge por um jogo de defesas frente ao novo papel e frente à mudança corporal que é vivida como uma *invasão súbita* incontrolável de *um novo esquema corporal que lhe modifica a sua posição frente ao mundo externo e o obriga a procurar novas pautas de convivência.* O que aprendeu como criança, em aprendizagem e adaptação social, não lhe serve mais. O mundo externo e ele mesmo exigem uma mudança em toda a sua personalidade. Frente a esta *invasão, a* primeira reação afetiva da criança é um *refúgio* em *seu mundo interno;* é como se ele quisesse reencontrar-se com os aspectos do seu passado para poder enfrentar depois o futuro.

Quando se *afasta do mundo exterior e se refugia no mundo interno, é* para estar *seguro,* porque em todo o crescimento existe um "impulso para o desconhecido e um temor ao desconhecido". Esse refúgio na infância deve-se não somente ao fato de que lhe custe fazer o *luto da infância,* mas que a própria infância é o que ele conhece. Seu papel frente ao ambiente imediato, ou frente à escola, frente aos grupos de companheiros, é *um papel de criança,* ao qual ele já estava adaptado há muitos anos.

Prima, neste momento, uma atitude crítica frente ao mundo externo e frente aos adultos em geral; ele não quer ser como determinados adultos que rejeita, escolhendo, em troca, um ideal. O mundo interno que foi se desenvolvendo através de toda a sua infância, identificando-se com aspectos de seus pais, professores ou figuras substitutas de ambos, servir-lhe-á de *ponte* para ligar-se novamente com um mundo externo, que é novo para ele, em consequência da sua mudança de *status.* O luto pela infância e pelos pais da infância mistura o ego e o mundo exterior. "Não sou uma criança, eu mesmo perdi a minha condição de criança; meus pais são os pais de um adulto e eu tenho que me comportar como tal, como o meu corpo, a minha mente e a sociedade me exigem".

É por isso que outro dos problemas centrais do adolescente é a busca de sua identidade. Todos estes problemas são mais graves atualmente, pois vivemos num mundo no qual a tensão e a ansiedade criadas pelo acúmulo dos meios de destruição representam uma ameaça permanente e sabemos que a estabilidade é o clima necessário para que um ser humano se desenvolva normalmente. Precisamos, hoje mais do que nunca, recorrer a todos os conhecimentos sobre o homem e aplicá-los para encontrar a melhor forma de resistir a esta angústia de hoje, que ao reforçar o temor à morte incrementa a que surge do próprio crescimento.

Na formulação das medidas para uma higiene mental do adolescente —ainda que a adolescência tenha o caráter universal que assinalamos — devem admitir-se caracteres próprios e, portanto, medidas específicas nos diferentes meios sociais e, especialmente, em sociedades como as latino-americanas, que estão sofrendo, em diversos graus, uma transformação: da sociedade tradicional à sociedade moderna, técnica ou industrializada, ou de um mundo rural à adaptação dos avanços do industrialismo e da urbanização.

Apêndice

Se insistimos repetidamente em certos pontos, é porque os consideramos básicos para a compreensão dos psicodinamismos da adolescência.

A tautologia é inevitável quando se recompilam trabalhos. Neste caso, consideramos inclusive conveniente insistir em determinados conceitos, como os de luto durante a adolescência, porque identificam nossa forma de pensamento psicodinâmico a respeito do que acontece neste período da vida.

Consideramos que assim conseguimos transmitir não apenas a nossa conceitualização acerca da adolescência, mas que também comunicamos uma experiência clínica, que, ao ser aplicada, proporciona o satisfatório da verificação de uma hipótese do que ocorre nas fantasias inconscientes do jovem. Recomendamos esta contribuição pragmática a terapeutas e educadores que trabalham com adolescentes, pois nos demonstrou na prática a sua utilidade clínica e psicopedagógica.

O adolescente participa da sociedade com as suas próprias características psicodinâmicas e esboçamos ideias acerca de aspectos parciais da inter-relação cultura-sociedade-adolescência.

Sem compreender genericamente o adolescente individual e sua motivação e ação no meio, consideramos que todo o enfoque desta grande problemática, que é o adolescente, e frente a nossa cultura, afasta o conhecimento do objeto de estudo mesmo, que é o próprio adolescente.

Neste campo nossa contribuição também é parcial, mas aponta para uma integração conceitual e pragmática que achamos deve fazer-se com maior informação geral.

Insistimos que consideramos absolutamente necessária a repetição — muitas vezes deliberada — de certas ideias, porque são, a nosso ver, as que mais contribuem para o nosso propósito esclarecedor